开放经济研究

【2019年　总第2卷】

【第二期】

主编　张建武　田云华　王俊　唐静

本期执行主编　田云华

广东外语外贸大学经济贸易学院　主办

中国社会科学出版社

图书在版编目（CIP）数据

开放经济研究. 第二期 / 张建武等主编. —北京：中国社会科学出版社，2019.8

ISBN 978 - 7 - 5203 - 4939 - 0

Ⅰ. ①开⋯ Ⅱ. ①张⋯ Ⅲ. ①中国经济—开放经济—研究 Ⅳ. ①F12

中国版本图书馆 CIP 数据核字（2019）第 195969 号

出 版 人	赵剑英
责任编辑	王　衡
责任校对	朱妍洁
责任印制	王　超

出　　版	中国社会科学出版社
社　　址	北京鼓楼西大街甲 158 号
邮　　编	100720
网　　址	http://www.csspw.cn
发 行 部	010 - 84083685
门 市 部	010 - 84029450
经　　销	新华书店及其他书店
印　　刷	北京明恒达印务有限公司
装　　订	廊坊市广阳区广增装订厂
版　　次	2019 年 8 月第 1 版
印　　次	2019 年 8 月第 1 次印刷
开　　本	710×1000　1/16
印　　张	13
插　　页	2
字　　数	201 千字
定　　价	46.00 元

凡购买中国社会科学出版社图书，如有质量问题请与本社营销中心联系调换
电话：010 - 84083683
版权所有　侵权必究

目 录

嵌入全球价值链如何影响了中国国内
  价值链分工？ ……………………………… 张志明　鲍佳庆（1）

中间产品贸易对不同技能劳动力需求
  影响的实证分析 ………………………………………… 钟晓凤（29）

中美贸易摩擦对两国就业的传导方向和
  影响因素研究 ……………………………… 张建武　薛继亮（56）

多角度理性看待中美货物贸易顺差 ……………………… 刘　芹（79）

国际治理人才培养的域外经验和中国策略 ……… 李　楠　张蔼容（98）

德国遗产税制设计及对中国开征遗产税的
  启示 ……………………………………… 李　琼　陈晓雯（116）

CEPA实施的贸易目标是否取得了预期成效？
  ——基于两地间的贸易数据分析 …… 袁群华　李苏洋　周晓君（136）

广东省产业间碳排放流动网络特征及效应
  研究 ……………………………………… 周　迪　徐榕鑫（159）

外商直接投资与区域经济增长
  ——以广东省为例 ……………… 王凌峰　周燕萍　黄潇豪（186）

嵌入全球价值链如何影响了中国国内价值链分工?

张志明　鲍佳庆[①]

摘　要：本文借鉴 Wang 等（2013）的全球价值链核算框架，构建了 GVC 长度、NVC 长度及嵌入 GVC 的 NVC 长度指标体系，考察了 GVC 嵌入对纯 NVC 长度以及嵌入 GVC 的 NVC 长度的影响。研究发现：全球价值链嵌入显著影响了国内价值链分工，其中，后向嵌入显著抑制了国内价值链分工，而前向嵌入促进了国内价值链分工；从影响机制看，嵌入 GVC 通过影响基于前向、后向产业关联法计算的国内价值链长度来影响总长度。重塑基于 GVC 的国内价值链，优化进口产品结构，提高自主创新能力，协调行业间发展，是当下经济发展的重中之重。

关键词：全球价值链；国内价值链；嵌入方式；影响因素

---

* 本文得到国家社科基金青年项目（16CJY058）资助。

① 张志明，广东外语外贸大学经济与贸易学院副教授；鲍佳庆，辽宁大学国际商务硕士研究生。

一 引言

在区域经济一体化的推动下，中国利用资源禀赋优势嵌入 GVC，一跃成为全球最大的代工制造平台。但是，在国民经济高速增长的同时，却暴露出这种经济发展模式的诸多弊端，以加工贸易嵌入全球价值链的发展模式难以为继，转换当下的经济发展模式显得尤为重要（徐宁等，2014）。在由跨国大买家构建的 GVC 中，中国主要面临两方面的问题，其一是外部环境下，中国代工企业长期受到国际大买家的压榨，难以实现自身企业升级；其二是中国经济发展地域失衡，东部和西部经济发展水平差异较大。从外部环境看，发达国家的大型跨国公司垄断专利技术和市场份额，使得中国代工企业受到"低端锁定"和"高端封锁"，并长期处于"微笑曲线"的底端，难以实现产业升级和价值链升级。一旦发展中国家试图突破自身的技术研发能力，打造本土品牌、创造销售渠道时，国际大购买商为保护自身既得利益采取各种手段来阻碍发展中经济体的代工生产体系的升级过程。例如，加强产品的进口质量、安全、环保等一系列进入壁垒，迫使发展中经济体为满足产品更新换代和产品升级要求向发达经济体购买机器设备和技术；同时利用不同代工制造基地之间的可替代性，转移代工市场份额，增加代工市场的竞争，挤压代工制造商的利润空间，从而使代工企业锁定在价值链低端制造环节。从中国内部经济结构上看，中国东西部地区经济发展严重不平衡，中国东部地区以低附加值的代工环节嵌入 GVC 中，而西部地区沦为低端要素的供应地，区域间的产业关联度低，资源得不到有效利用，难以实现区域经济一体化。

从全球价值链向国内价值链的转移战略，摆脱对发达国家经济形势的依赖，是中国实现产业升级和价值链升级的重要渠道，同时也是区域一体化时代发展的需要（刘志彪、张少军，2011）。发展和培育一条带动中国经济健康发展的国内价值链（NVC），是摆脱被国际大买家俘获的重要出路。因此，研究嵌入 GVC 模式对 NVC 的影响和作用迫在眉睫。

二 文献综述

现有国内外文献一般从国内价值链嵌入度（用来衡量某部门参与国内专业化分工的程度）来考察 GVC 对国内经济的影响，且主要从四个影响因素来进行相关研究。对于进口规模与 NVC 的相关研究，Grossman 和 Helpman（1991）的研究就表明，一国进口规模的扩大，可以引进国外先进生产技术和管理经验，改善国内现有的观念和技术水平，优化资源配置并减少国内重复研发劳动。随后，Xu 和 Chiang（2005）则以全球为研究主体，证实了进口规模扩大的技术溢出效应可以带动一国经济的发展。国内学者就该主题也进行了相关研究。李磊（2005）发现一国进口规模的增加可以带动其要素积累和全要素生产率的提高。同时，随着发展中经济体进口规模的增加，进口中间品的技术溢出效应明显促进了发展中国家的技术进步（唐保庆，2010）。对于市场推动因素与 NVC 的研究，大部分文献中的市场推动因素主要是指资本密集度和技术密集度，而这种差异可以表述为要素禀赋的差异。Trefler（1993，1995）研究发现各国的技术差异与其他要素禀赋差异共同决定着一国的贸易结构。Davis 和 Weinstein（2001a，2001b）也在随后的研究中改进了要素禀赋理论的有效性，更加证实了资本密集和技术密集对于各国之间的贸易结构差异产生重要的影响。随着技术水平及生产效率提升，在区域经济一体化的背景下，企业更倾向于进入国际市场（Melitz，2003），从而更大程度地参与全球价值链分工。国内学者鞠建东等研究发现，各国之间的要素禀赋差异带动国际之间要素的流动，为全球化时代不同发展程度的国家间贸易奠定了理论基础，这种比较优势的形成也更有利于国际之间进行更明确的产品和技术的专业化分工。对于行政干预因素与 NVC 的相关研究，其中研究的因素主要包括国有企业比重、利税总额占比、就业占比。徐宁等（2014）研究发现全球价值链和国内价值链上企业数量的差距会影响企业对链条的选择。利税占比代表着国家的垄断利润，就业占比代表着社会的稳定，两者对于 NVC 具有负向影响，表明中国的政府保护力度和市场分割动力依然强劲，并不利于国内价值链的分工。从整个行业角度看，中国通过嵌入 GVC 可以改善整个社会就业结构、提升就业数量和就业质量（张桂梅等，2012）。马风涛和段治平（2015）研究发现制造业参与全球价值链可以改善中国就业结构，促进熟练劳动力的相对就业。对于外资规模、出口规模对 NVC 影响的相关研究，一般认为，FDI 通过带动国外中间品流入和提高全球价值链嵌入度来提升出口国内附加值。包群等（2003）研究发现，在区域一体化背景下，出口贸易与全要素生产率之间呈正向相关关系。

综合以上研究不难发现，在研究嵌入全球价值链对国内价值链的影响上，大部分国内外学者均是从影响因素上研究 GVC 对 NVC 的影响，并未得出一般性结论，同时，现有文献很少从 GVC 嵌入机制上系统地分析对国内价值链的影响，这也是本文研究目的和研究意义的所在。本文就 GVC 嵌入机制和影响因素对于国内价值链的影响进行了互补性的研究。就 GVC 嵌入机制而言，将 GVC 嵌入机制明确分为后向嵌入 GVC 和前向嵌入 GVC，分别考察了其对纯国内价值链长度以及嵌入 GVC 的 NVC 长度（后向浅度嵌入 GVC 的 NVC、后向深度嵌入 GVC 的 NVC、前向浅度嵌入 GVC 的 NVC、前向深度嵌入 GVC 的 NVC）的影响。就影响因素而言，本文加入人均总产出、外资进入规模、总产出、高级能力劳动力占比、市场化水平因素对纯国内价值链长度和嵌入 GVC 的 NVC 长度的影响进行了实证分析。

三 嵌入全球价值链影响国内价值链分工的理论分析

在当今国际垂直专业化分工和"外包"贸易的盛行的环境下，形成了贸易一体化和生产非一体化的新型国际贸易模式，发达经济体和发展中经济体都依据自身要素禀赋优势嵌入全球价值链。依据 Hummel（1998）的思路，将嵌入全球价值链分为后向嵌入和前向嵌入两种。就后向嵌入（中间品进口再出口）而言，在"垂直型"专业化分工和生产的价值链体系下，中国凭借劳动力成本优势、政策优势、地理优势等嵌入全球价值链以来，多从事中间品进口、经加工组装后再出口的加工贸易模式，在这种典型的后向嵌入模式下，中国企业很容易陷入价值链上游企业"低端锁定""高端封锁"的困境，难以实现产业升级，只能被动接受由发达国家企业发包的低技术含量、低附加值生产环节，通过后向嵌入GVC显著抑制了国内价值链的延伸。就前向嵌入（间接中间品出口）而言，一方面是通过技术密集度较高产品的嵌入全球价值链，有利于形成产业集聚效应，契合了不同地区要素禀赋的优势，发挥规模报酬递增和正外部效应来降低整个价值链的运营成本，促进产品生产阶段化、区域化，本土企业得以利用要素禀赋优势提高生产效率，完善产业链和价值链体系，为统筹中国下一阶段产业升级和区域协调发展提供了重要的机制；另一方面是在融入发达国家构建的分工网络中，倒逼中国提升自身的技术发展水平，使得国内充分利用不同区域的禀赋优势，加强国内价值链分工，延伸国内价值链长度。综上，本文提出如下有待验证的假说：

假说1：总体而言，全球价值链嵌入显著影响了国内价值链分工，其中，后向嵌入抑制作用更强，前向嵌入的促进作用更强。

区域一体化已然成为各国参与国际竞争的重要渠道和方式，通过形成价值链的产业集群效应，促进要素在区域间的流动，带动其他相关区域的经济发展，但具体到GVC嵌入机制，可以给NVC带来不同程度的影响。就后向嵌入而言，情况不容乐观，主要有以下两方面原因：一方面，中国基于外需拉动的出口额远大于一般贸易的出口额，但就国内增加值率而言，一般贸易出口品中的国内增加值率却远大于加工贸易；另一方面，中国的加工贸易长期受制于发达经济体的经济形势，出口产品质量和技术均由其所掌控，生产利润被严重剥削。同时，代工制造基地由于其从事加工组装环节的技术含量较低，因此具有可替代性，尤其是在金融危机过后外需低迷且更多的代工制造商涌入市场，竞争更加激烈，对代工企业的生产质量和技术标准提出了更高的要求，因此，基于国内内需市场实现产业的转型升级日益紧迫。就前向嵌入而言，通过进口技密集较高产品所形成的技术外溢效应，结合区域内的要素禀赋优势，本土企业实现产品的自主创新和转型升级，可以促进加工贸易的价值攀升。本土企业通过对技术密集度较高产品的加工组装以及进一步扩大产业内需，逐步有序实现组装加工（OEM）到自主设计（ODM）再到自主运营（OBM）的升级，带动其他产业的技术进步和管理水平的提高，进一步延伸整体的国内价值链长度。基于此，本文提出如下有待验证的假说：

假说2：从影响机制看，嵌入 GVC 通过影响前向、后向国内价值链长度来影响总长度。

四 嵌入全球价值链影响国内价值链分工的实证分析

（一）实证模型设定及数据说明

1. 实证模型设定

本文要考察全球价值链嵌入度如何影响中国国内价值链长度，在借鉴 Wang 等（2013）价值链构建思路的基础上，结合上述理论假说，本文构建如下实证模型：

$$\mathrm{Inpl}_{it} = \alpha_1 + \beta_1 gvc\,\mathrm{pat}_{it} + \gamma_1 X_{it} + \varepsilon_{it} \quad (1)$$

其中，i 和 t 分别表示行业和年份；ε_{it} 表示随机扰动项。pl 为是被解释变量集合，包括纯国内价值链（zpl）、后向浅度嵌入 GVC 的 NVC 长度（$PLydGVCS$）、后向深度嵌入 GVC 的 NVC 长度（$PLydGVCD$）、前向浅度嵌入 GVC 的 NVC 长度（$PLvdGVCS$）、前向深度嵌入 GVC 的 NVC 长度（$PLvdGVCD$）。$gvcpat$ 为本文核心解释变量，为控制变量价值链嵌入度的集合，如 GVC 后向嵌入度（$GVCPATb$）和 GVC 前向嵌入度（$GVCPATf$）。X_{it} 为控制变量影响因素的集合，如人均总产出（$rgop$）、外资进入规模（fdi）、总产出（gop）、高级能力劳动力占比（hhs）、市场化水平（sch）等。

（1）核心解释变量

借鉴 Wang 等（2013）构建的双边贸易会计框架，明确定义了 GVC

前向嵌入度（$GVCPATf$）指数和 GVC 后向嵌入度（$GVCPATb$）指数。

GVC 前向嵌入度（$GVCPATf$）表示在全球价值链生产链条上，全球经济引发的总产出与一国增值产生分解部分的比率。该值越高，表示一国在全球价值链分工中更多地扮演"中间品提供者"的角色。

$$PLvw = (Va\hat{X}^{-1}B\hat{X}\mu')/(\mu Va) = (VBX)/GDP = (\mu X)/GDP \quad (2)$$

其中，$Va\hat{X}^{-1} = V$，$\hat{X}u' = X$ 和 $VB = u$。

GVC 后向嵌入度（$GVCPATb$）表示在全球价值链生产链条上，全球经济引发的总产出与一国生产最终品或服务所需的总投入的比率。该值越高，则代表一国更多地以"加工制造者"的角色嵌入全球价值链。

$$PLyw = (VBB\hat{Y}\mu')/(VB\hat{Y}\mu') = (\mu BY)/GDP = (\mu X)/GDP \quad (3)$$

（2）被解释变量

借鉴 Wang 等（2013）构建的双边贸易会计框架，构建了纯国内价值链长度和嵌入 GVC 的 NVC 长度。

基于前向产业关联法计算的嵌入 GVC 的 NVC 长度（PLv_GVC），即总产出与源国增值产生的分解部分的比率。该值越高，表示一国在全球价值链分工中更多地扮演"中间品提供者"的角色。

$$PLv = PLV\_D + PLv\_RT + PLv\_GVC$$

$$= \frac{Xv\_D}{V\_D} + \frac{Xv\_RT}{V\_RT} + \frac{Xv\_GVC}{v\_GVC} \quad (4a)$$

$$PLv\_GVC = PLV\_GVC\_S + PLv\_GVC\_C$$

$$= \frac{Xv\_GVC\_S}{V\_GVC\_S} + \frac{Xv\_GVC\_C}{V\_GVC\_C}$$

$$= PLvd\_GVC\_S + CBv\_GVC\_S + PLvf\_GVC\_S + PLvd\_GVC\_C$$

$$+ CBv\_GVC\_CPLvf\_GVC\_C$$

$$= \frac{Xvd\_GVC\_S}{V\_GVC\_S} + \frac{Bv\_GVC\_S}{V\_GVC\_S} + \frac{Xvf\_GVC\_S}{V\_GVC\_S} + \frac{Xvd\_GVC\_C}{V\_GVC\_C} +$$

$$\frac{Bv\_GVC\_C}{V\_GVC\_C} + \frac{Xvf\_GVC\_C}{V\_GVC\_C} \quad (4b)$$

根据 GVC 嵌入的深度（增加值跨境次数）的不同，前向嵌入 GVC

的 NVC 长度分为前向浅度嵌入 GVC 的 NVC 长度（PLv_GVC_S）和前向深度嵌入 GVC 的 NVC 长度（PLv_GVC_C）。跨境两次为简单 GVC 上的生产活动，生产长度定义为前向浅度嵌入 GVC 的 NVC 长度；跨境两次以上为复杂 GVC 上的生产活动，生产长度定义为前向深度嵌入 GVC 的 NVC 长度。

$$PLv\_GVC\_S = \frac{Xv\_GVC\_S}{V\_GVC\_S} \tag{5}$$

$$PLv\_GVC\_C = \frac{Xv\_GVC\_C}{V\_GVC\_C} \tag{6}$$

其中，V_GVC_S 表示简单全球价值链（跨境两次）上，中间品出口中所包含的国外增加值；Xv_GVC_S 表示简单全球价值链（跨境两次）上，中间品出口所引致的总产出；V_GVC_C 表示复杂全球价值链（跨境两次以上）上，中间品出口中所包含的国外增加值；Xv_GVC_C 表示复杂全球价值链（跨境两次以上）上，中间品出口所引致的总产出。

同理，得到基于后向产业关联的嵌入 GVC 的国内价值链长度，即生产最终品或服务总产出与所需的总投入的比率。该值越高，则代表一国更多地以"加工制造者"的角色嵌入全球价值链。

$$\begin{aligned} PLy &= PLy\_D + PLy\_RT + PLy\_GVC \\ &= \frac{Xy\_D}{V\_D} + \frac{Xy\_RT}{V\_RT} + \frac{Xy\_GVC}{V\_GVC} \end{aligned} \tag{7a}$$

$$\begin{aligned} PLy\_GVC &= PLy\_GVC\_S + PLy\_GVC\_C \\ &= \frac{Xy\_GVC\_S}{Y\_GVC\_S} + \frac{Xy\_GVC\_C}{Y\_GVC\_C} \\ &= PLyd\_GVC\_S + CBy\_GVC\_S + PLyf\_GVC\_S + PLyd\_GVC\_C + \\ &\quad CBy\_GVC\_C + PLyf\_GVC\_C \\ &= \frac{Xyd\_GVC\_S}{Y\_GVC\_S} + \frac{Ey\_GVC\_S}{Y\_GVC\_S} + \frac{Xyf\_GVC\_S}{Y\_GVC\_S} + \frac{Xyd\_GVC\_C}{Y\_GVC\_C} + \\ &\quad \frac{Ey\_GVC\_C}{Y\_GVC\_C} + \frac{Xyf\_GVC\_C}{Y\_GVC\_C} \end{aligned} \tag{7b}$$

根据 GVC 嵌入的深度不同，即根据增加值跨境次数的不同，后向嵌入 GVC 的 NVC 长度分为后向浅度嵌入 GVC 的 NVC 长度（PLy_GVC_S）

和后向深度嵌入 GVC 的 NVC 长度（PLy_GVC_C）。跨境两次为简单 GVC 上的生产活动，生产长度定义为前向浅度嵌入 GVC 的 NVC 长度；跨境两次以上为复杂 GVC 上的生产活动，生产长度定义为前向深度嵌入 GVC 的 NVC 长度。

$$PLy\_GVC\_S = \frac{Xy\_GVC\_S}{Y\_GVC\_S} \tag{8}$$

$$PLy\_GVC\_C = \frac{Xy\_GVC\_C}{Y\_GVC\_C} \tag{9}$$

其中，Y_GVC_S 表示简单的全球价值链（跨境两次）中最终品出口所需的本国总投入；Xy_GVC_S 表示在简单的全球价值链（跨境两次）中最终品出口所引致的总产出；Y_GVC_C 表示在复杂的全球价值链（跨境两次以上）中最终品出口所需的本国总投入；Xy_GVC_C 表示复杂的全球价值链（跨境两次以上）中最终品出口所引致的总产出。

（3）控制变量

人均总产出（$rgop$）。人均总产出即人均实际 GDP，利用各行业实际 GDP 与总就业人数之比衡量。各行业实际 GDP 和总就业人数数据均来源于 WIOD 数据库的社会经济账户。

外资进入规模（fdi）。外资进入规模主要选取实收资本中外商资本的规模（fdi）作为代表。全球价值链的嵌入程度是由一国出口的最终产品中国外生产环节产生的价值所占的比重决定的，为此，我们将外资进入规模作为控制变量纳入实证模型，且预期外资进入规模的估计系数为负。

总产出（gop）。总产出规模采用各国历年总产出实际额（2010 年不变价美元）的对数值表示。数据来源于世界银行的发展指数数据库（WDI）。

高级能力劳动力占比（hhs）。高级能力劳动力占比是高技能人数与劳动力总人数之比。其中劳动力总人数来源于世界银行的发展指数数据库（WDI）。

市场化水平（sch）。一般来说国有控股比重越大，市场化水平越低，本文以行业国有控股企业销售产值占行业总销售产值的比重来代表国有控股度。

2. 数据说明

本文选取 1995—2009 年中国 15 个工业行业为样本，相关原始数据主要来源于 WTO 和 OECD 最新发布的增加值贸易数据库（WTO/OECD-TIVA）、世界投入产出数据库（WIOD）和《中国工业经济统计年鉴》。由于 WIOD 数据库和 WTO/OECD-TIVA 数据库均采用 NACE 产业分类法进行行业划分，而《中国工业经济统计年鉴》是按照国民经济行业分类标准（GB/T4754-2011）来分类。故为实现行业统计口径的一致性，本文将《中国工业经济统计年鉴》的行业数据与 WIOD 数据库和 WTO/OECD-TIVA 数据库进行匹配，并最终匹配出 15 个工业行业，具体匹配结果如表 1 所示。为了从分行业视角考察嵌入全球价值链对中国国内价值链分工的影响，借鉴 Foster-McGregor 等（2013）的分类方法，按照技术密集度水平高低，本文进一步将 15 个行业划分为低、中和高技术行业三个类别。

表 1　　　　　　　NACE 与 GB/T4754-2011 工业对应表

NACE 工业分类	GB/T4754-2011 工业分类
C10T14：Mining and quarrying 2	C06：煤炭开采和洗选业，C07：石油和天然气开采业，C08：黑色金属矿采选业，C09：有色金属矿采选业，C10：非金属矿采选业，C12：其他采矿业
C15T16：Food products, beverages and tobacco 3	C13：农副食品加工业，C14：食品制造业，C15：酒、饮料和精制茶制造业，C16：烟草制品业
C17T19：Textiles, textile products, leather and footwear 4	C17：纺织业，C18：纺织服装、服饰业，C19：皮革、毛皮、羽毛及其制品和制鞋业
C20：Wood and products of wood and cork 5	C20：木材加工和木、竹、藤、棕、草制品业，C21：家具制造业
C21T22：Pulp, paper, paper products, printing and publishing 6	C22：造纸和纸制品业，C23：印刷和记录媒介复制业
C23：Coke, refined petroleum products and nuclear fuel 7	C25：石油加工、炼焦和核燃料加工业

续表

NACE 工业分类	GB/T4754-2011 工业分类
C25：Rubber and plastics products 9	C29：橡胶和塑料制品业
C24：Chemicals and chemical products 8	C26：化学原料和化学制品制造业，C27：医药制造业，C28：化学纤维制造业
C26：Other non-metallic mineral products 10	C30：非金属矿物制品业
C27T28：Basic metals and fabricated metal products 11	C31：黑色金属冶炼和压延加工业，C32：有色金属冶炼和压延加工业，C33：金属制品业
C29：Machinery and equipment, nec 12	C34 通用设备制造业，C35 专用设备制造业，C38：电气机械和器材制造业
C30T33：Electrical and optical equipment 13	C39：计算机、通信和其他电子设备制造业，C40：仪器仪表制造业
C34T35：Transport equipment 14	C36：汽车制造业，C37：铁路、船舶、航空航天和其他运输设备制造业，
C36T37：Manufacturingnec; recycling 15	C41：其他制造业，C42：废弃资源综合利用业
C40T41：Electricity, gas and water supply 16	C44：电力、热力生产和供应业，C45：燃气生产和供应业，C46：水的生产和供应业

资料来源：借鉴 Foster-McGregor 等（2013）的分类方法整理所得。

（二） 基准回归分析

1. 考察纯国内价值链长度

考察 GVC 嵌入机制对国内价值链分工的影响。由表 2 的估计结果可见，基于 GVC 后向嵌入度的计算方法对于纯国内价值链长度有显著的负向影响，前向嵌入度的计算则相反。就后向嵌入度的抑制效应看，可能的原因是：其一，在由跨国大买家主导的 GVC 链条中，中国长期以来的"两头在外"的外向化发展模式，导致国内产业关联度较低，产业循环体系出现"断点"和"裂缝"，国内产业在研发、生产和销售体系出现全面的萎缩，对于纯国内价值链长度的延伸产生负面影响。其二，中国这种

"两头在外"的发展模式，使得产业在国内空间配置结构上产生了巨大的重组和调整，国内东部地区和中西部地区的经济差距被进一步拉大，使得东部地区长期难以摆脱低端锁定的局面，成为跨国大买家的制造基地，而中西部地区沦为低端生产要素的供应地。加入由发达大买家主导的GVC中，国内的产业循环链条不能实现自主控制，而是被发达经济体所掌控，导致国内产业循环链条的主动性和可控性较弱，对产业在国内的延伸性和拉动性产生负面影响。

就前向嵌入度的促进效应看，可能的原因是，其一是通过前向高端嵌入GVC所形成的产业集群效应，导致区域内生产要素密度不断增强，同时不断增强的规模报酬和正外部效应降低了本土企业的生产和运营成本，使得资源在区域间得到有效配置，发挥出区域的要素禀赋优势，使得生产环节可以分配在不同区域，延伸纯国内价值链长度。其二是区域一体化所形成的区位优势，导致企业在区域内运输成本的降低，激励企业扩大一体化的范围，从而成为构建NVC坚实的微观主体，为发展和培育NVC提供了可能。其三是随着全球价值链的嵌入，导致国内价值链的空间布局片断化，城市嵌入GVC越深，城市腹地范围越大，对NVC的影响范围越广，最终通过辐射或渗透影响NVC长度。其四是全球价值链导致区域经济一体化，带来区域内部各种交易成本的下降，使得要素、商品等在区域间自由流动。主要可以表现为三种形式：一是要素流动，包括高级劳动力、原材料、资本等生产要素在区域间的自由流动是推动区域一体化水平提高的驱动力，也是区域一体化的表现。二是商品流动，嵌入GVC使得国内商品实现区域内自由流动，产业内部的企业之间上下游联系日益紧密，降低区域内从产品生产、加工直到销售终端过程的资金成本，与产业相关的配套设施更加完善，配套能力得到提高，商品在区域内和跨区域实现更高效、更便捷地自由流动。三是信息和技术流动，在商品经济中，信息和技术具有一定的公共产品属性，并且是富有较强流动性的生产要素，在区域间传播可以提升生产率。因此，本土企业通过高端环节嵌入GVC，同时利用在GVC中所学习的先进技术和管理水平，以及所积累的弹性生产、规模制造等在位优势，结合本土优势，带动其他本土企业进行科技研发和自主创新，实现国内价值链的延伸，这里初步支持了假说1。

考察其他解释变量对国内价值链分工的影响。高级能力劳动力占比的提高对延长纯国内价值链长度具有显著的正向影响。一般的解释是，高级能力劳动力占比是全球价值链地位提高的内生动力，高技能人才比重的提高，会增加对本土企业的技术外溢效应，从而提高发展中经济体本土企业出口的国际竞争力。掌握核心技术或主要销售渠道的人员的流动，即高技能人才的流动是发展中经济体本土企业提高国内附加值的重要渠道。市场化水平的提高对纯国内价值链的长度有显著的负向影响，可能的解释是，长期以来发展中经济体一直处于被"俘获"状态，难以实现产业升级和链条升级，更难延伸价值链的长度和深度。也就是说，国有企业产出占比越低，外资或合资企业等形式的企业产出占比提高，进出口贸易的增加会缩短纯国内价值链的长度，不利于本国发展培育和NVC。这部分从影响因素视角验证了嵌入GVC对国内价值链分工的影响，即假说1被再次验证。

2. 基于GVC嵌入方式和嵌入深度的考察

由于GVC嵌入方式和深度的不同，将嵌入GVC的NVC长度分为后向浅度嵌入GVC的NVC长度、后向深度嵌入GVC的NVC长度、前向浅度嵌入GVC的NVC长度、前向深度嵌入GVC的NVC长度。鉴于此，本文分别考察了GVC后向嵌入度和GVC前向嵌入度对嵌入GVC的NVC长度的影响，以及市场推动因素、对外开放因素和行政干预因素对国内价值链长度的影响，同时验证了假说2。

从GVC嵌入方向的不同考察对国内价值链的影响。由表2可见，GVC后向嵌入度对于前向浅度和深度嵌入GVC的NVC长度，还是后向浅度和深度嵌入GVC的NVC长度均有显著的负向影响。可能的解释是，中国"两头在外"的贸易结构使得各区域为了快速地切入GVC，而从事低附加值中间品或最终品的加工组装环节，导致与上游产业的关联度较低。由于产业间上下游的关联度较低，区域间的关联程度或嵌入度不够，无法实现生产过程的迂回化和柔性化，影响国内生产网络的形成或价值链条的延伸。GVC 前向嵌入度无论对于前向浅度和深度嵌入 GVC 的 NVC 长度，还是后向浅度嵌入 GVC 的 NVC 长度均有显著的负向影响，而对后向深度嵌入 GVC 的 NVC 长度具有促进作用。可能的原因有：跨国公司对本土企业实行选择性的技术转移导致空间溢出能力较低，这种有偏差的横向技术溢出导致的结果是本土企业技术水平停滞不前，同时，跨国公司将本地企业排除在技术溢出的范围之外，削弱了其他地区的获得技术溢出的机会，导致的结果是本土企业在价值链上的议价和谈判能力持续恶化，嵌入 GVC 的 NVC 长度得不到延伸。这里需要指出的是，GVC 前向嵌入度对后向深度嵌入 GVC 的 NVC 长度的影响是正向的。可能的原因：NVC 与 GVC 的价值链融合，通过纵向合作发挥协同效应，代工企业可以形成与非同行的优势互补，形成长期的非竞争性联盟，进一步延伸后向深度嵌入 GVC 的 NVC 长度。综上验证了假说 2 的成立，即嵌入 GVC 通过影响基于前后产业关联法计算的国内价值链长度，进而影响总长度。

从影响因素考察对国内价值链长度的影响，再次验证了假说 2 的成立。外资流入对 GVC 后向浅度嵌入 GVC 的国内价值链具有显著的正向作用，对其他三种国内价值链均是负向影响。可能的解释是，由于外资流入，本土市场跨国公司增多，由于本土企业的技术水平与国际标准差距较大，产生对国际先进技术的依赖，形成技术转移效应而非技术创新效应，很难提升内资企业的技术竞争力，从而在一定程度上削弱了来自外资的价值链升级效应。高级能力劳动力占比整体对于国内价值链的长度具有促进影响。其可能的解释是，长期以来形成的外资主导的代工模式，发达经济体的跨国买家始终掌控着国际上先进的核心技术，垄断高端产品的主要市场，在发展中经济体嵌入 GVC 的初始阶段，可以通过低廉的劳动力和资源优势加入国际贸易中，随着全球价值链嵌入的越深，GVC 主导的产业前后向联系效应大为减弱，市场化水平的提高反而抑制后向深度嵌入 GVC 的 NVC 长度。

表2 基准回归

	zpl (1)	PLydGVCS (2)	PLydGVCD (3)	plvd_GVCS (4)	plvdGVCD (5)
ln*GVCPATb*	-0.83*** (-8.77)	-0.04*** (-2.65)	-0.81*** (-19.96)	-0.07 (-1.11)	-0.24*** (-5.43)
ln*GVCPATf*	0.19** (2.17)	-0.06*** (-5.21)	0.12*** (4.06)	-0.41*** (-9.26)	-0.39*** (-9.54)
ln*rgop*	0.26*** (5.49)	0.06*** (8.79)	0.11*** (4.32)	0.08 (1.55)	0.11*** (2.98)
ln*fdi*	-0.20*** (-5.28)	0.03*** (7.09)	-0.16*** (-9.04)	-0.21*** (-8.13)	-0.23*** (-10.39)
ln*gop*	0.15*** (3.30)	-0.00 (-0.39)	0.08*** (3.73)	-0.06* (-1.96)	-0.15*** (-3.51)
ln*hhs*	0.29*** (4.82)	-0.04** (-2.31)	0.28*** (5.48)	0.34*** (7.55)	0.46*** (9.43)
ln*sch*	-0.23*** (-6.12) (-4.91)	0.02*** (4.50) (.)	-0.25*** (-21.63) (.)	-0.25*** (-12.14) (-10.70)	-0.45*** (-19.00) (-6.56)
_cons	6.48*** (12.06)	2.24*** (28.01)	4.08*** (13.56)	6.19*** (15.77)	8.42*** (15.03)
N	150	150	150	150	150

注：***、** 和 * 分别表示1%、5%和10%的显著性水平。

资料来源：根据《增加值贸易数据库》《世界投入产出数据库》和《中国工业经济统计年鉴》的原始数据，使用Stata 12.0进行回归分析所得。

3. 稳健性分析

根据本文实证分析所用数据以及分析框架的特点，采用如下的方法进行稳健性分析。其一，考虑到解释变量和被解释变量之间可能存在的内生性问题，即嵌入GVC的国内价值链长度与各解释变量之间存在反向因果关系，同时考虑到各解释变量对于纯国内价值链和嵌入GVC的国内价值链长度的时滞效应，本文将各解释变量均滞后一期进行回归，进一步检验前文回归结果的准确性，估计结果如表3所示。其二，加入人均资本变量。为控制样本期间中国人均资本差异对纯国内价值链和嵌入 GVC 的国内价值链长度可能造成的影响,在原有的方程基础上加入人均资本变量,并进行估计,估计结果如表 4 所示。对比表 3 和表 2 的估计结果发现,除部分变量的显著性水平有所降低外,各变量的系数符号和绝对值基本保持一致,这说明前文的估计结果未因遗漏变量问题而产生实质性改变,因此基本是稳健的。通过比较表 4 和表 2 的估计结果可知,各变量的系数符号和绝对值基本保持一致,说明前文的估计结果基本是稳健的。

表 3　　　　　　　　　　2SLS 方法回归

	zpl	$PLydGVCS$	$PLydGVCD$	$plvd\_GVCS$	$plvdGVCD$
	(1)	(2)	(3)	(4)	(5)
$\ln GVCPATb$	-0.81***	-0.04	-0.88***	-0.43	-0.70
	(-3.26)	(-1.26)	(-8.33)	(-1.11)	(-1.36)
$\ln GVCPATf$	0.74***	-0.06***	0.17**	-1.18***	-1.77***
	(2.86)	(-2.74)	(1.98)	(-2.93)	(-3.30)
$\ln rgop$	0.31*	0.07***	0.06	-0.01	0.09
	(1.95)	(3.83)	(0.92)	(-0.06)	(0.41)
$\ln fdi$	-0.40***	0.04***	-0.23***	-0.28***	-0.17
	(-3.98)	(3.57)	(-5.27)	(-2.67)	(-1.19)
$\ln gop$	0.07	0.01	0.02	-0.19*	-0.15
	(0.76)	(0.76)	(0.37)	(-1.95)	(-1.16)
$\ln hhs$	0.07	-0.05**	0.40***	1.11***	1.59***
	(0.33)	(-2.44)	(5.43)	(3.40)	(3.70)
$\ln sch$	-0.35***	0.01	-0.26***	-0.28***	-0.42***
	(-5.20)	(1.40)	(-8.70)	(-3.95)	(-4.46)
N	150	150	150	150	150

注:***、**和*分别表示1%、5%和10%的显著性水平。

资料来源:根据《增加值贸易数据库》《世界投入产出数据库》和《中国工业经济统计年鉴》的原始数据,使用 Stata 12.0 进行回归分析所得。

表 4 增加值解释变量人均资本量

	zpl (1)	PLydGVCS (2)	PLydGVCD (3)	plvd_GVCS (4)	plvdGVCD (5)
lnGVCPATb	-1.06*** (-14.34)	-0.02* (-1.93)	-0.85*** (-14.48)	-0.19*** (-2.85)	-0.36*** (-5.61)
lnGVCPATf	0.10 (1.40)	-0.09*** (-7.66)	0.10* (1.77)	-0.35*** (-6.82)	-0.30*** (-7.94)
lnrgop	1.03*** (12.10)	-0.03** (-2.40)	0.49*** (8.26)	0.64*** (5.40)	0.73*** (5.38)
lnfdi	-0.14*** (-4.72)	0.02** (2.27)	-0.07*** (-3.69)	-0.15*** (-4.38)	-0.15*** (-4.01)
lngop	0.53*** (10.67)	-0.03*** (-4.52)	0.27*** (7.33)	0.16*** (3.39)	0.16*** (2.78)
lnhhs	0.23*** (4.84)	-0.04** (-2.09)	0.25*** (4.61)	0.23*** (3.95)	0.37*** (5.60)
lnsch	-0.15*** (-3.89)	-0.00 (-0.73)	-0.17*** (-10.03)	-0.22*** (-11.34)	-0.32*** (-12.81)
lnlc	-1.00*** (-8.55) (-3.74)	0.13*** (10.13) (0.0)	-0.50*** (-7.27) (0.0)	-0.77*** (-6.77) (-8.83)	-0.86*** (-6.94) (-4.37)
_cons	15.27*** (16.84)	0.86*** (7.72)	8.01*** (11.83)	13.43*** (12.14)	15.20*** (12.19)
N	150	150	150	150	150

注：***、**和*分别表示1%、5%和10%的显著性水平。

资料来源：根据《增加值贸易数据库》《世界投入产出数据库》和《中国工业经济统计年鉴》的原始数据，使用Stata 12.0进行回归分析所得。

4. 异质性分析

前文对国内价值链长度和嵌入GVC的国内价值链长度的影响因素进行了分析，而在本部分对基于GVC嵌入深度异质性进行模式演进考察，同时通过将总体划分为低技术和中高技术行业，以研究各影响因素的行业异质性。

(1) 基于 GVC 嵌入深度异质性的考察

由于考虑到 GVC 嵌入深度的不同，可能对纯国内价值链长度和嵌入 GVC 的 NVC 长度的影响有所差异，因此本部分对 GVC 嵌入深度的异质性进行模式演进的考察，估计结果如表 5 所示。本部分再次验证了假说 1 和假说 2 的成立。

无论是后向浅度或深度嵌入 GVC 还是前向浅度或深度嵌入 GVC，对于纯国内价值链长度均有显著的负向影响，回归结果如表 5 第（1）列所示。后向浅度嵌入 GVC 与后向浅度嵌入 GVC 的 NVC 长度正相关，而与后向深度嵌入 GVC 的 NVC 长度负相关，回归结果见表 5 第（2）列和第（3）列。也就是说，后向浅度嵌入 GVC 对后向浅度嵌入 GVC 的 NVC 长度具有正向效应，但对后向深度嵌入 GVC 的 NVC 长度具有负向效应，可见，通过加工贸易嵌入 GVC，只能促进短期内后向浅度嵌入 GVC 的 NVC 长度的延伸，并且国内价值链并没有成功对接全球价值链。由表 5 第（1）列可以看到，GVC 后向深度嵌入度与纯国内价值链长度负相关。可能的解释是，从国外直接进口最终品或从事简单中间品的加工组装参与全球价值链，导致国内市场上同行业产品的供给增加，本土产品面临的竞争加大，并不利于发挥中国的比较优势，限制了本土企业的再创新能力，不利于国内价值链的延伸。GVC 前向浅度嵌入对于基于前向浅度和深度嵌入 GVC 的国内价值链长度均有显著的负面影响，估计结果如表 5 第（4）列和第（5）列所示。通过前向嵌入 GVC，跨国大买家凭借自身高端的生产要素进入中国市场，加大了同产业国内市场的竞争，挤压了企业自主发展的空间。前向深度嵌入 GVC 与前向浅度嵌入 GVC 的 NVC 长度正相关，可能的解释是，随着 GVC 前向嵌入度的加深，内资企业一方面通过向上游供应商要求高质量中间投入，通过学习国际先进技术实现本土企业的再创新，推动行业在国家价值链地位的提升；另一方面，跨国公司为实现自身中间品质量的高要求，会为下游企业提供技术支持和人员培训，帮助内资企业在技术管理水平与国际水平接轨，从而带动整个行业甚至整个经济体的发展，推动下游经济体在全球价值链的位置攀升。

表 5　　　　　　　　　　基于 GVC 嵌入深度异质性的考察

	zpl	PLydGVCS	PLydGVCD	plvd_GVCS	plvdGVCD
	(1)	(2)	(3)	(4)	(5)
ln$GVCPATbS$	-0.43***	0.02***	-0.43***	0.09***	0.03
	(-7.32)	(3.72)	(-13.33)	(3.09)	(0.73)
ln$GVCPATbC$	-0.30***	-0.05***	-0.25***	-0.03	-0.09***
	(-3.87)	(-5.65)	(-5.98)	(-0.62)	(-2.65)
ln$GVCPATfs$	-0.19*	0.01	-0.45***	-0.78***	-0.37***
	(-1.93)	(0.75)	(-4.19)	(-10.52)	(-4.81)
ln$GVCPATfc$	0.12	-0.05***	0.36***	0.29***	-0.12
	(1.12)	(-2.89)	(4.30)	(4.02)	(-1.31)
ln$rgop$	0.21***	0.05***	0.11*	0.15***	0.10***
	(5.15)	(7.60)	(1.93)	(2.58)	(2.78)
lnfdi	-0.20***	0.02**	-0.08***	-0.15***	-0.23***
	(-6.46)	(2.56)	(-3.19)	(-5.97)	(-7.77)
lngop	0.16***	-0.01	0.06**	-0.04	-0.13***
	(5.61)	(-1.10)	(2.29)	(-1.44)	(-2.83)
lnhhs	0.27***	-0.02	0.16***	0.24***	0.44***
	(4.06)	(-1.31)	(2.96)	(4.48)	(6.31)
lnsch	-0.24***	0.01***	-0.26***	-0.30***	-0.44***
	(-7.55)	(3.53)	(-16.13)	(-16.05)	(-16.90)
	(-5.13)	(.)	(-3.49)	(-7.33)	(-4.81)
_cons	6.39***	1.87***	4.41***	6.23***	7.64***
	(13.21)	(24.70)	(12.62)	(19.28)	(11.24)
N	150	150	150	150	150

注：***、**和*分别表示 1%、5% 和 10% 的显著性水平。

资料来源：根据《增加值贸易数据库》《世界投入产出数据库》和《中国工业经济统计年鉴》的原始数据，使用 Stata 12.0 进行回归分析所得。

(2) 基于行业异质性的考察

通过观察表 6 与表 7 发现，分行业研究嵌入 GVC 对国内价值链分工的影响，低技术与中高技术行业的估计结果有较大差异，并且与总体的估计结果同样存在一定差异。此外，由于本部分的重点在于比较行业差异，因此这部分对于影响相同的实证结果就不再深入分析。

根据表 6 和表 7 估计结果对比可知，主要有以下几点显著差异。

对于纯国内价值链来讲，低技术行业的前向嵌入 GVC 和后向嵌入 GVC 的估计系数均为负，说明低技术行业无论以怎样的方式嵌入全球价值链，都不能延伸纯国内价值链长度。与低技术行业不同，中高技术行业后向嵌入 GVC 抑制纯国内价值链的延伸，前向嵌入 GVC 对纯国内价值链延伸具有促进作用。比较以上分析不难发现，低技术行业嵌入 GVC 对纯国内价值链的促进效应明显小于中高技术行业。可能的解释是：与低技术行业相比，中高技术行业大部分属于知识资本密集度行业，存在知识溢出、技术溢出的可能性大、比率高的特点，对改善国内技术管理水平具有重要的作用；同时，中高技术品的进口程度高，是中国实现高技术品的引进、消化、吸收和再创新的主要阵地，也是中国实现产业升级的重要基础，因此中高技术行业前向嵌入 GVC 有助于 NVC 的培育和发展，有助于纯国内价值链的延伸。

对于嵌入 GVC 的 NVC 长度来讲，低技术行业后向嵌入 GVC 对前向嵌入 GVC 的 NVC 长度的估计系数均在 1% 水平上显著为正，而中高技术行业后向嵌入 GVC 对前向嵌入 GVC 的 NVC 长度的估计系数在 1% 水平上显著为负。可能的解释是，长期以来中高低技术行业的后向嵌入 GVC 大部分是利用自身的禀赋优势发挥劳动力低廉、物产资源丰富的优势开展加工组装贸易，而当资源出现错配时，会影响整个社会的生产效率，但同时，这种劳动力的优势为中国开展中间品贸易也提供了人力基础，为低技术行业后向嵌入 GVC 为前向嵌入 GVC 提供了坚实的劳动力资源基础，进而促进前向嵌入 GVC 的 NVC 长度的延伸。低技术行业前向嵌入 GVC 对前向浅度嵌入 GVC 的 NVC 长度的估计系数在 1% 水平上显著为负，但是高技术行业前向嵌入 GVC 对前向浅度嵌入 GVC 的 NVC 长度的估计系数在 5% 水平上显著为正。可能的解释是，在相当长的一段时间里，低技术行业依靠丰富廉价的劳动力资源和自然资源前向嵌入 GVC，由于其技术含量低，因而生产环节少，因此并不能产生较强的技术溢出作用，相反，由于占用资源阻碍了前向嵌入 GVC 的 NVC 长度的延伸。中高技术行业的前向嵌入 GVC，由于其自身技术含量高、生产环节多,更能有效地产生资本和技术溢出效应,进而延伸前向深度嵌入 GVC 的 NVC 长度。

其他影响因素表现的行业异质性。人均总产出与低技术行业的后向浅度嵌入 GVC 的国内价值链长度存在显著的负相关,而与中高技术行业却与之相反。一般说来,中国通过从事技术密集度较高的行业嵌入 GVC 中,面临的"锁定"风险越大。正是如此,中高技术面临着被锁定的风险,在人均总产出和总产出的带动下,本土企业更加重视自主研发和自主创新,倒逼企业进行改革创新,赶超国际先进技术水平,延伸嵌入 GVC 的国内价值链长度。对高级能力流动占比对低技术行业的总纯国内价值链长度的系数显著为正,但是对于中高技术总纯国内价值链长度恰恰相反,显著为负。市场化水平的提高可以有效延长低技术行业的后向浅度嵌入 GVC 的国内价值链长度,但是在中高技术行业,这一影响并不显著。

表6　　低技术行业估计结果

	zpl	$PLydGVCS$	$PLydGVCD$	$plvd\_GVCS$	$plvdGVCD$
	(1)	(2)	(3)	(4)	(5)
$\ln GVCPATb$	-0.24 (-1.54)	-0.01 (-0.77)	-0.65 *** (-8.20)	0.49 *** (3.28)	0.60 *** (2.81)
$\ln GVCPATf$	-0.35 *** (-2.76)	-0.11 *** (-7.34)	0.22 *** (3.66)	-0.96 *** (-6.49)	-1.08 *** (-6.04)
$\ln rgop$	0.24 *** (3.06)	-0.02 *** (-2.70)	0.14 *** (3.65)	0.16 (1.56)	0.20 (1.61)
$\ln fdi$	-0.13 *** (-3.32)	0.03 *** (5.91)	-0.13 *** (-5.71)	-0.12 ** (-2.40)	-0.12 * (-1.68)
$\ln gop$	0.22 *** (3.45)	0.01 (1.50)	0.10 *** (2.79)	0.01 (0.13)	-0.06 (-0.67)
$\ln hhs$	0.45 *** (7.66)	-0.02 *** (-2.79)	0.24 *** (6.66)	0.42 *** (4.98)	0.48 *** (4.59)
$\ln sch$	-0.53 *** (-9.27)	0.03 *** (6.50)	-0.30 *** (-10.78)	-0.49 *** (-8.18)	-0.59 *** (-7.37)

续表

	zpl (1)	PLydGVCS (2)	PLydGVCD (3)	plvd_GVCS (4)	plvdGVCD (5)
_cons	6.91*** (8.12)	1.84*** (18.71)	3.44*** (7.10)	6.66*** (7.05)	7.97*** (6.36)
N	60	60	60	60	60

注：***、**和*分别表示1%、5%和10%的显著性水平。

资料来源：根据《增加值贸易数据库》《世界投入产出数据库》和《中国工业经济统计年鉴》的原始数据，使用Stata 12.0进行回归分析所得。

表7　　　　　　　　　　中高技术行业估计结果

	zpl (1)	PLydGVCS (2)	PLydGVCD (3)	plvd_GVCS (4)	plvdGVCD (5)
ln$GVCPATb$	-1.22*** (-26.05)	-0.05*** (-4.79)	-0.78*** (-33.88)	-0.51*** (-10.79)	-0.66*** (-18.87)
ln$GVCPATf$	0.41*** (11.97)	-0.09*** (-10.78)	0.03 (1.02)	-0.09** (-2.08)	0.06** (2.44)
ln$rgop$	0.47*** (9.97)	0.15*** (14.57)	0.04** (2.26)	0.03 (0.52)	0.09** (2.43)
lnfdi	-0.27*** (-8.58)	0.05*** (6.14)	-0.22*** (-9.75)	-0.39*** (-11.75)	-0.35*** (-15.21)
lngop	0.46*** (17.56)	0.04*** (6.57)	0.04*** (4.00)	-0.01 (-0.35)	-0.03 (-1.22)
lnhhs	-0.17*** (-2.76)	-0.07*** (-3.02)	0.27*** (8.19)	0.11 (1.31)	0.25*** (5.30)
lnsch	-0.19*** (-14.34) (14.90)	0.00 (0.41) (8.40)	-0.25*** (-52.16) (-12.28)	-0.13*** (-8.08) (-5.19)	-0.26*** (-19.17) (-19.19)
_cons	2.34*** (6.66)	1.76*** (26.52)	5.30*** (45.22)	5.73*** (18.98)	6.98*** (32.78)
N	90	90	90	90	90

注：***、**和*分别表示1%、5%和10%的显著性水平。

资料来源：根据《增加值贸易数据库》《世界投入产出数据库》和《中国工业经济统计年鉴》的原始数据，使用Stata 12.0进行回归分析所得。

5. 影响机制检验

表8给出了机制检验模型的估计结果。总体而言，嵌入全球价值链影响了国内价值链分工，其中后向嵌入明显抑制了纯国内价值链长度的延伸，而前向嵌入度对纯国内价值链长度具有明显的促进效应。这表明后向嵌入GVC和前向嵌入GVC是全球价值链对国内价值链分工产生影响的两个重要渠道。即假说1和假说2得到再次验证。

从表8的结果看，GVC后向嵌入度越大，其纯国内价值链长度会越短。通过后向嵌入GVC机制对中国纯国内价值链长度的影响，对基于后向和前向产业关联法计算的国内价值链长度具有显著的负向影响，总体看，后向嵌入GVC并不利于中国纯国内价值链长度的延伸。可能的解释是，一方面，后向嵌入GVC参与国际贸易主要是进行技术密集度较低产品的加工组装，技术溢出效应几乎为零，同时，这种加工贸易很容易被下游经济体所俘获，本土企业自主发展空间受到挤压；另一方面，后向嵌入GVC可能会导致高质量、低成本的中间品或最终品流入国内市场，使得该产业国内市场供给增加，本土产品面临的竞争加大从而影响国内经济。在这个过程中，优质中间品进口形成的技术外溢效应、技术转移和技术扩散效应对国内企业产生正面的积极影响，进一步影响纯国内价值链长度的延伸。主要表现为高附加值的中间品进口会直接带动发展中经济体的劳动生产率，由于其技术密集度较高，导致其生产环节较多，进一步提高了产品的国内附加值，增加了其学习、模仿、消化、吸收到实现再创新的机会，带动其他相关产业技术水平的提高，从而有利于纯国内价值链长度的延伸。综合分析，假说1基本成立。

其次，根据表8的回归结果可以发现，后向浅度嵌入GVC和后向深度嵌入GVC对基于后向产业关联法计算的纯国内价值链长度均负相关，嵌入度越大，越会缩短基于后向计算的纯国内价值链长度。再次，考虑的是前向浅度嵌入GVC和前向深度嵌入GVC对其影响，由回归结果可见，前向浅度嵌入GVC越深，基于前向计算纯国内价值链长度越短；前向深度嵌入GVC越深，基于前向计算的纯国内价值链长度越长。由于纯国内价值链等于基于后向行业关联法核算的纯国内价值链长度与基于前向行业关联法核算的纯国内价值链长度之和，并基于以上分析，嵌入全球价值链通过影响前向、后向国内价值链长度来影响国内价值链总长度。综上可知，假说2成立。

最后，本文将上述几个影响机制同时纳入讨论，由表8的回归结果可以看出，本文核心结论仍然显著成立。

表8　　　　　　　　　　影响机制分析

	PLyD	PLvD	PLyD	PLvd
	(1)	(2)	(3)	(4)
ln*GVCPATb*	-0.32***	-0.46***		
	(-11.14)	(-6.41)		
ln*GVCPATf*	-0.01	0.14***		
	(-0.41)	(3.32)		
ln*rgop*	0.05**	0.14***	0.06**	0.11***
	(2.15)	(3.07)	(2.56)	(3.65)
ln*fdi*	-0.09***	-0.08***	-0.08***	-0.12***
	(-6.12)	(-3.24)	(-5.44)	(-5.92)
ln*gop*	0.14***	0.04	0.14***	0.01
	(6.33)	(1.45)	(5.21)	(0.49)
ln*hhs*	0.12***	0.18***	0.09***	0.12***
	(4.74)	(4.27)	(3.02)	(2.84)
ln*sch*	-0.05***	-0.15***	-0.05***	-0.20***
	(-4.02)	(-4.34)	(-2.99)	(-18.68)
ln*GVCPATbs*			-0.11***	-0.31***
			(-4.15)	(-7.37)
ln*GVCPATbC*			-0.12***	-0.20***
			(-3.99)	(-7.04)
ln*GVCPATfs*			-0.06	-0.14**
			(-1.40)	(-2.31)
ln*GVCPATfc*			-0.01	0.20***
			(-0.23)	(4.56)

续表

	PLyD (1)	PLvD (2)	PLyD (3)	PLvd (4)
_cons	1.04 *** (3.49)	4.75 *** (9.52)	0.84 ** (2.20)	5.56 *** (17.38)
N	150	150	150	150

注：***、** 和 * 分别表示1%、5%和10%的显著性水平。

资料来源：根据《增加值贸易数据库》《世界投入产出数据库》和《中国工业经济统计年鉴》的原始数据，使用 Stata 12.0 进行回归分析所得。

五 结论与政策建议

本文借鉴 Wang 等（2013）构建总值贸易核算框架的思路，通过对国内价值链、嵌入 GVC 的国内价值链长度以及对国内价值链地位的考察，证实了本文的理论假说，并得出以下结论：全球价值链嵌入显著影响了国内价值链分工，其中，后向嵌入抑制作用更强，前向嵌入的促进作用更强。研究发现，嵌入 GVC 通过影响基于前向、后向产业关联法计算的国内价值链长度来影响总长度，GVC 后向嵌入度显著阻碍了国内价值链长度的延伸，而前向嵌入 GVC 对纯国内价值链长度明显具有促进效应。针对以上结论，本文提出以下建议：①积极培育和发展 NVC，实现与全球价值链的良性对接。世界经济危机导致全球经济结构发生重大转变，应该充分利用当下的发展机遇，积极转变经济结构，及时启动中国第二波参与经济全球化的发展战略，积极参与全球经济治理。通过加强国内产业和技术经济与 GVC 的经济联系，提高国内经济技术和管理水平，实现 GVC 与 NVC 的良性对接，是中国摆脱 GVC 中低端锁定的重要渠道，也是中国实现经济腾飞的重要出路所在。②优化出口商品结构，延伸嵌入 GVC 的 NVC 长度。在嵌入 GVC 的过程中，应通过提高技术水平和创新能力，进一步优化出口商品结构。中国作为地大物博的发展大国，不同区域之间存在着较大的要素禀赋差异，选择东部地区优先嵌入 GVC 是最现实、有效的选择。东部地区通过嵌入 GVC 实现产业的高附加值攀升，向西部地区分享已学到的先进的技术和管理经验,将劳动密集型产品的加工组装环节转移至中西部地区,协调区域经济的发展,延长嵌入 GVC 的 NVC 长度。

参考文献

[1] 包群、许和连、赖明勇:《出口贸易如何促进经济增长》,《上海经济研究》2003 年第 3 期。

[2] 鞠建东、林毅夫、王勇:《要素禀赋、专业化分工、贸易的理论与实证——与杨小凯、张永生商榷》,《经济学》(季刊)2004 年第 4 期。

[3] 李磊:《我国进口贸易与经济增长关系探析》,《经济论坛》2005 年第 7 期。

[4] 刘志彪、张少军:《总部经济、产业升级和区域协调——基于全球价值链的分析》,《南京大学学报》(哲学·人文科学·社会科学)2009 年第 6 期。

[5] 马风涛、段治平:《全球价值链、国外增加值与熟练劳动力相对就业——基于世界投入产出表的研究》,《经济与管理评论》2015 年第 5 期。

[6] 唐保庆:《贸易结构、吸收能力与国际 R&D 溢出效应》,《国际贸易问题》2010 年第 2 期。

[7] 徐宁、皮建才、刘志彪:《全球价值链还是国内价值链——中国代工企业的链条选择机制研究》,《经济理论与经济管理》2014 年第 1 期。

[8] 张桂梅、张平:《价值链分工与发展中国家就业利益及风险分析》,《华东经济管理》2012 年第 11 期。

[9] Davis, Donald R., D. E. Weinstein, "An Account of Global Factor Trade", *American Economic Review*, 2001, 91 (5): 1423 – 1453.

[10] Davis, Donald R., D. E. Weinstein, "The Mystery of the Excess Trade Balances", *American Economic Review*, 2002, 92 (2): 170 – 174.

[11] Foster-Mcgregor, Neil, R. Stehrer, "Value Added Content of Trade: a Comprehensive Approach", *Economics Letters*, 2013, 120 (2): 354 –357.

[12] Grossman, G. M., Helpman E., *Innovation and Growth in the Global Economy*, MTT Press, Cambridge, 1991.

[13] Hummels, David L., Dana Rapoport, Kei-Mu Yi, "Vertical Specialization and the Changing Nature of World Trade", *Economic Policy Review*, 1998, 4 (2).

[14] Melitz, M. J. "The Impact of Trade on Intra-industry Reallocations and Aggregate Industry Productivity", *Econometrica*, 2003, 7 (1): 1695 –1725.

[15] Trefler, Daniel, "Trade Liberalization and the Theory of Endogenous Protection: An Econometric Study of U. S. Import Policy", *Journal of Political Economy*, 1993, 101 (1): 138 –160.

[16] Trefler, Daniel. "The Case of the Missing Trade and Other Mysteries", *American Economic Review*, 1995, 85 (5): 1029 –1046.

[17] Xu, Bin, Eric P. Chiang, "Trade, Patents and International Technology Diffusion", *The Journal of International Trade & Economic Development*, 2005, 14 (1): 115 –135.

[18] Wang, Z., Wei, S. J. Zhu, K., "Quantifying International Production Sharing at the Bilateral and Sector Levels", NBER Working Paper No. w19677, 2013.

[19] Wang, Z., Wei, Shang-Jin Yu, X., et al., "Characterizing Global and Regional Manufacturing Value Chains: Stable and Evolving Features", *Development Working Papers*, 2017 (1): 362 –472.

How Global Value Chain Embedding Affect The Division of China's Domestic Value Chain

ZHANG Zhiming BAO Jiaqing

Abstract: Under the impetus of globalization, embedding the global value chain that has become an important driving force for the economic development of all countries. However, the impact of GVC on the Chinese economy through processing trade requires in-depth research. Therefore, this paper draws on Wang et al. (2013) to construct the idea of total value trade accounting framework. By matching the measurement model with the database of 15 industrial sectors in China, the global value chain and the domestic value chain, as well as the NVC embedded in GVC, are clearly defined. This paper examines that the impact of GVC embedding mechanisms and influencing factors on pure domestic value chains and NVC embedded in GVC. It finds joining the global value chain significantly affects the domestic value chain division of labor, in which the backward embedding plays a depressing role, and the forward embedding plays a facilitating role; from the perspective of the impact mechanism, the impact of embedded global value chains on domestic value chains by the influence of the domestic value chain calculated based on the forward and backward industrial correlation methods. Reshaping the domestic value chain based on GVC, optimizing the structure of imported products, improving the ability of independent innovation, and coordinating the development of the industry are the top priorities of the current economic development.

Keywords: Global Value Chain; Domestic Value Chain; Embedded Mode; Factor Influence

中间产品贸易对不同技能劳动力需求影响的实证分析*

钟晓凤①

摘 要：随着 GVC 的不断发展，基于产品内国际分工的中间产品贸易迅速发展并成为国际贸易的主要方式。本文试图从中间产品的视角探讨贸易对不同技能劳动力需求水平及劳动力需求弹性的影响。本文基于 2005—2016 年中国 32 个工业行业的面板数据，采用固定效应模型从工业行业整体就业的全样本数据以及基于行业特征分类的子样本数据进行静态的面板回归，并采用系统 GMM 模型对基于全样本的动态面板数据进行实证检验。研究结果表明：一方面，中间产品的进口对整体及低技能劳动力需求的影响主要表现为负向的替代作用，并且会随技术进步而变弱；另一方面，其出口对整体以及低技能劳动力需求的影响表现为正向的促进作用，并且会随技术进步而变弱，但对于高技能劳动就业的拉动作用会随技术进步而增强。另外，中间产品进口贸易增加主要增加整体和低技能劳动力的需求弹

---

* 本文得到广东省科技厅软科学课题"人力资本、产业分工对区域经济发展的影响和作用机理研究——基于珠三角的实践"和广东经济发展方式转变与产业、人口、教育、就业政策仿真模型及技术支撑平台构建研究（2016A070705055）；国家自然科学基金项目和广东外语外贸大学重大培育项目"对外贸易结构调整对劳动力市场的影响机制与政策研究"（71673063）；广东外语外贸大学研究生科研创新项目"中美农产品贸易对农业部门就业的影响和政策研究"（18GWCXXM－17）以及广州市社科联项目"广州城乡一体研究"的资助。

① 钟晓凤，广东外语外贸大学南国商学院商务系讲师。

性,使就业风险上升;而中间产品出口的增加会降低劳动力的需求弹性,缓解就业和工资波动对就业的冲击。最后,本文提出了增加中国工业行业就业和降低就业风险的政策建议。

关键词: 中间产品贸易;劳动力需求水平;劳动力需求弹性;技术进步

一 引言

全球价值链(Global Value Chains,GVC)进入高速发展的快车道。基于 GVC 分工模式的贸易活动背景,使以最终产品贸易统计口径的贸易规模研究贸易对就业的影响不再是贸易实际就业效应的真实反应(王直等,2015)。故而,用最终产品贸易的统计口径来测算贸易的进出口情况,并以此为基础研究贸易对劳动力需求的影响极可能导致贸易的实际就业效应被低估,以及导致根据其就业效应分解的替代效应与规模效应的错误估计。由此可见,从中间品贸易的视角分析贸易与就业的关系能更准确得的反应贸易的真实就业效应。从而,本文结合中国的贸易市场以及劳动力市场,研究中间产品贸易对不同技能劳动力需求水平和劳动力需求弹性的影响具有重要的现实价值。

本文基于 2005—2016 年中国 32 个工业行业的面板数据,实证分析中间产品贸易对不同技能劳动力需求水平及劳动力需求弹性的影响,并采用系统 GMM 对全样本数据做进一步的稳健性验证,以期从实证层面为贸易的就业效应提供更加清晰更加准确的认识,以便为促进就业、缓解就业压力、减轻就业风险以及再就业培训等政策的制定提供参考,为国内资源和国际资源的优化配置提供有益的思路。

本文可能的贡献体现在以下两方面:一是从中间产品贸易的新视角探讨工业行业贸易对劳动力需求弹性的研究,丰富了该领域的研究。二是弥补了中间产品贸易与劳动需求关系相关研究在变量处理与数据更新方面的一些不足。一方面，由于中国关税制度中复杂的减免税政策与一些隐形的非关税保护的存在，使用最终产品平均关税率的加权公式量化的贸易自由化程度并不十分准确；另一方面，缺少最新的中间产品贸易对产业部门层次、劳动力技能层次的细分深入测算和检验。本文在分析对劳动力需求水平影响分析时，通过使用更新到2016年的统计数据，同时在进口渗透率和出口导向率的基础上加上了实际有效汇率共三个衡量贸易开放度的指标来说明中间产品贸易冲击或者波动的程度。

本文余下部分如下安排：第二部分为相关文献的回顾；第三部分是中间产品的定义与分类；第四部分为模型设定与数据说明；第五部分是实证分析；第六部分是实证检验；第七部分是结论与政策建议。

二 文献回顾

与本文密切相关的文献包括两方面：一是研究中间产品贸易对劳动力需求水平的影响（也即研究中间产品贸易的就业效应）；二是研究中间产品贸易对劳动力需求弹性的影响。

（一）中间产品贸易对劳动力需求水平的影响

关于中间产品贸易就业效应的研究主要集中在三个方面：中间产品贸易就业效应的表现、外在因素对中间产品贸易就业效应的影响以及基于技术溢出作用的中间产品贸易就业效应传导机制（Hine，Wright，1998；毛其淋、许家云，2016；Autor，Handel，2013；俞会新、薛敬孝，2002）。Hine 和 Wright（1998）指出英国制造业就业下滑是由于贸易引起了生产率的加速增长，进而引起国内劳动力需求调整所致。Ha 和 Tran（2017）使用越南 2010—2015 年制造业行业的非平衡面板数据分析发现国际贸易与企业就业之间存在正相关关系。

Greenaway 等（1999）指出贸易有助于提高企业提高劳动生产率水平，进而导致劳动力需求水平的下降。毛其淋和许家云（2016）发现中间产品贸易自由化对中国制造业就业的影响整体表现为正向的促进作用，一方面提高就业创造，另一方面降低了就业破坏。盛斌和马涛（2008）的研究表明中间品的出口对中国劳动力的需求具有显著的拉动作用。周昕等（2017）研究指出中间产品出口的增加有助于提高中国对高技能劳动力的需求，而中间产品进口的增加将减少中国高技能劳动力的需求。但唐东波（2012）基于全球化纵向"交叉协作"理论研究垂直专业化贸易对中国就业结构的影响表明，中间品进口来源国的不同对就业的影响也是不同的。然而，Autor 和 Handel（2013）以及 Acharya（2017）指出贸易的就业效应因贸易模式（即进口贸易或出口贸易）的不同而存在差异，贸易的就业效应因贸易对象（即与发达国家还是发展中国家贸易）的不同而不同。从出口目的国的角度，魏浩等（2019）发现尽管进口中国中间产品减少了这些国家的就业总量，但对其就业结构的优化促进作用明显。从关税减让的角度，盛斌和毛其淋（2015）指出中间投入品关税减让能促进企业成长，有利于企业规模的扩张。从内销企业与外销企业的分类，田巍和余淼杰（2013）研究表明中间品关税的下降能显著促进外销企业市场份额的增加。俞会新和薛敬孝（2002）在研究中通过构建理论框架明确指出技术溢出是中间产品贸易影响熟练与非熟练劳动力的重要传导机制。由于技能和资本的互补特性以及技术学习的技能偏向特征，中间产品的进口增加了发展中国家对于熟练劳动力的需求水平（Feenstra，Hanson，1999；Wood，1995）。陈雯和苗双有（2016）研究表明中间产品对出口企业技术进步的促进作用受到企业初始生产率水平的影响。李平和姜丽（2015）利用中国1998—2012年的省级面板数据进行实证检验，结果显示中间产品的进口对中国技术创新具有显著的促进作用。

(二) 中间产品贸易对劳动力需求弹性的影响

基于中间品贸易视角来研究贸易影响劳动力需求弹性的相关文献目前相对还比较少。Hicks（1963）将导致劳动力需求弹性上升的因素概括为四个方面。基于希克斯 - 马歇尔的派生需求定理，Hamermesh（1993）依据"要素需求基本法则"凝练出了基于完全竞争前提下影响劳动力需求弹性的三大主要因素，包括劳动力生产要素投入成本占总生产成本的比重、不变产出条件下的生产要素的替代弹性以及最终产品的需求弹性。Maurice 和 Ferguson（1973）基于寡头垄断市场的前提假设，把劳动力的需求弹性的影响路径归纳为两条，即"替代弹性"和"规模弹性"。Fajnzylberh 和 Maloney（2000）依据 Maurice 和 Ferguson（1973）拓展了第三条路径：在开放市场，进口贸易带来更强的竞争进而减少行业内的合谋程度，最终间接影响劳动力的需求弹性。盛斌和牛蕊（2009）使用 1997—2006 年的面板数据较为系统地考察了贸易对劳动力需求弹性的影响。周申等（2007）研究指出贸易自由化会导致劳动者工资与就业的波动性变大。这一观点和 Rodirk（1997）的观点相一致，贸易对劳动力需求的影响不仅仅表现在劳动价格或者劳动力需求水平方面，更多地表现在劳动需求弹性上。

国内外文献分别基于技术进步、禀赋特征、劳动力技能特征以及企业或行业特征等方面对中间产品贸易的就业效应进行了较为丰富的研究，但有关中间产品贸易对劳动力需求弹性的相关研究相对较少，且鲜有文献从中间产品贸易的视角，在考虑技术进步的因素下，对不同技能劳动力需求水平和劳动力需求弹性进行综合研究，这为本文提供了研究空间。

三　中间产品的定义与分类

(一) 中间产品的定义

依据联合国核算体系（SNA）的分类，所有产品可分为三大类，即资本货物、中间产品以及最终消费品。与该核算体系的分类标准相对应，联合国 2002 年依据产品的最终用途，将贸易的数据划分成了 16 个经济大类，相应的编码和 SNA 分类的对照情况如表 1 所示。这里所表示的中间产品指的是经过了一些初步制造或加工过程，但是还没有成为最终产品的产品，包含半成品以及零部件产品。

表 1　　　　　SNA 分类和联合国 BEC 分类编码对应表

SNA	BEC 分类编码	BEC 分类描述
资本货物	41	资本货物（运输设备除外）
	521	运输设备，工业
中间产品	111	食品和饮料，初级，主要用于工业
	121	食品和饮料，加工，主要用于工业
	21	未另归类的工业用品，初级
	22	未另归类的工业用品，加工
	31	燃料和润滑剂，初级
	322	燃料和润滑剂，加工（不包括汽油）
	42	资本货物（运输设备除外）零配件
	53	运输设备零配件
消费品	112	食品和饮料，初级，主要用于家庭消费
	122	食品和饮料，加工，主要用于家庭消费
	522	运输设备，非工业
	61	未另归类的消费品，耐用品
	62	未另归类的消费品，半耐用品
	63	未另归类的消费品，非耐用品

注：2002 年以前，BEC 分类标准将商品分为初级产品、中间产品和最终产品（资本品和消费品）。

（二）中间产品的分类

为了满足中间产品贸易的实证研究，盛斌（2002）依据《国际贸易标准分类》（SITC 第三版）的五位数产品分类以及 BEC 的 16 个基本类型，经编码转换过后重新集成了 SITC 三位数的工业行业的中间产品生产部门。在此基础上，本文最终经过筛选确定了 32 个中间产品的工业行业生产部门，同时依据 OECD 与《国际标准产业分类》（ISIC3.0 版）的分类办法，将工业行业生产部门划分六大类别，如表 2 所示①。

表 2　　　　　　　中间产品的工业行业生产部门分类

A 采掘工业	B 低技术类	C 中低技术类
01 煤炭开采和洗选业	07 食品加工和制造	18 石油加工、炼焦和核燃料加工业
02 石油和天然气开采业	10 纺织业	22 橡胶及塑料制品
03 黑色金属矿采选业	11 纺织服装、服饰业	24 非金属矿物制品业
04 有色金属矿采选业	12 皮革、毛皮、羽毛及其制品和制鞋业	25 黑色金属冶炼和压延加工业
05 非金属矿采选业	13 木材加工和木、竹、藤、棕、草制品业	26 有色金属冶炼和压延加工业
06 开采辅助活动	14 家具制造业	27 金属制品业
	15 造纸及纸制品业	
	16 印刷和记录媒介复制业	
	17 文教、工美、体育和娱乐用品制造业	

D 中高技术类	E 高技术类	F 其他
19 化学原料和化学制品制造业	20 医药制造业	34 工艺品其他制造业
21 化学纤维制造业	32 电子及通信设备制造业	35 电力、热力生产和供应业
28 通用设备制造业	33 仪器仪表及文化办公机械制造业	36 燃气生产和供应业
29 专用设备制造业		
30 交通运输设备制造业		
31 电气机械和器材制造业		

注：根据《国际标准产业分类》（ISIC3.0 版）归结的 6 类中间产品工业生产部门。

---

① 需要特别说明的是，本文根据研究需要将开采辅助活动与其他采矿业合并为一个行业（06 开采辅助活动及其他采矿业），去掉酒、饮料和精致茶制造业、烟草制造业，将农副食品价格业和食品制造业合并为一个行业（07 食品加工和制造业），将橡胶制品业和塑料制品业合并为一个行业（22 橡胶和塑料制品业），将仪器仪表制造业归属于仪器仪表及文化办公机械制造业，将其他制造业归属于工艺品及其他制造业。

四 模型设定与数据说明

（一）模型设定

Greenaway 等（1999）以及盛斌和马涛（2008）依据 Cobb-Douglas 生产函数，利用生产者均衡条件推导出了纳入中间产品进出口的劳动力需求函数，其回归基本方程式表示如下：

$$\ln N_{it} = \varphi_0^* + \mu_0 T + \varphi_1 \ln W_{it} + \varphi_2 \ln Q_{it} + \mu_1 \ln(IM_{it}) + \mu_2 \ln(EX_{it}) \quad (1)$$

其中，N_{it} 代表产业 i 在 t 时期的就业人数，Q_{it} 代表产业 i 在 t 时期的实际产出，w_{it} 代表产业 i 在 t 时期的实际平均工资，IM_{it} 为产业 i 在 t 时期的进口渗透率，EX_{it} 产业 i 在 t 时期的出口导向率，T 为时间趋势。

本文的实证模型将在式（1）的基础上进行运用和拓展。

1. 本文参照已有文献对要素偏向性技术进步的考察（罗军、陈建国，2014），加入全要素生产率作为体现技术进步的衡量指标，从中间产品贸易和技术进步两方面测度要素偏向性技术进步，考察考虑技术溢出效应的情况下中间产品贸易对中国工业行业部门劳动力需求的作用。

2. 本文将使用周申等（2007）测算工业行业全要素生产率的方法，计算得到研究的 32 个工业行业 2005—2016 年的全要素生产率数据[①]，将此项作为技术进步的衡量指标与贸易变量的交互项进行回归，来探讨中间产品贸易引致的技术进步对就业的影响情况。

3. 为了更好地考察中间产品进、出口贸易对劳动力需求的影响，本

---

① 根据 Cobb-Dougas 生产函数经指数化处理后的对数方程：$\ln\left(\frac{Y_{it}}{Y_i}\right) = \ln A_{it} + \alpha \ln\left(\frac{K_{it}}{K_i}\right) + \beta \ln\left(\frac{I_{it}}{I_i}\right)$，其中 K_{it}, K_i, I_{it}, I_i 分别为 i 行业第 t 年和基期的资本和劳动投入。根据规模报酬不变即 $\alpha + \beta = 1$，可将弹性参数值直接用于全要素生产率的计算。$I_{it} = \alpha_i \frac{K_{it}}{K_i} + \beta_i \frac{I_{it}}{I_i}$，$TFP_{it} = \frac{Y_{it}}{I_{it}} = (\frac{Y_{it}}{Y_i})/(\alpha_i \frac{K_{it}}{K_i} + \beta_i \frac{I_{it}}{I_i})$，这里回归所需总产出、资产总量和就业人数数据均来《中国统计年鉴》和《中国劳动统计年鉴》。

文参照盛斌（2009）从中间产品进口渗透率、中间产品出口导向率及实际汇率三个方面考察中间产品贸易变量。

4. 参考盛斌和牛蕊（2009）关于贸易对劳动力需求弹性影响的研究，本文用中间产品贸易与实际平均工资的交叉项来测量中间产品贸易对劳动力需求弹性的影响。

根据以上分析，本文建立基本回归模型如下：

$$\ln N_{jit} = \varphi_0^* + \varphi_1 \ln W_{it} + \varphi_2 \ln Q_{it} + \mu_1 \ln(TFP_{it}) + \mu_2 \ln(R_{it}) + \mu_3 \ln(IM_{it}) + \mu_4 \ln(EX_{it}) + \gamma_i + \tau_t + \varepsilon_{it} \quad (2)$$

其中，$j = T, L, H$ 分别表示总体劳动力，低技能劳动力和高技能劳动力，TFP_{it} 代表产业 i 在 t 时期的全要素生产率，R_{it} 代表产业 i 在 t 时期的实际汇率，γ_i 表示行业特定效应，τ_t 表示时间特定效应，ε_{it} 表示随机干扰项。

为了进一步考察中间产品贸易引致的技术进步对劳动力需求的影响，本文构建了技术进步代理变量与贸易变量的交互项，回归模型如下：

$$\ln N_{jit} = \varphi_0^* + \varphi_1 \ln W_{it} + \varphi_2 \ln Q_{it} + \mu_1 \ln(TFP_{it}) + \mu_2 \ln(R_{it}) + \mu_3 \ln(IM_{it}) + \mu_4 \ln(EX_{it}) + \delta_1 \ln(TFP_{it}) \cdot \ln(IM_{it}) + \delta_2 \ln(TFP_{it}) \cdot \ln(EX_{it}) + \gamma_i + \tau_t + \varepsilon_{it} \quad (3)$$

其中，$\ln(TFP_{it}) \cdot \ln(IM_{it})$ 表示中间产品进口贸易引致的技术进步对就业的影响，$\ln(TFP_{it}) \cdot \ln(EX_{it})$ 表示中间产品出口贸易引致的技术进步对就业的影响。

为了进一步考察中间产品贸易对劳动力需求弹性的影响，本文构建了实际工资与贸易变量的交互项，回归模型如下：

$$\ln N_{jit} = \varphi_0^* + \varphi_1 \ln W_{it} + \varphi_2 \ln Q_{it} + \mu_1 \ln(TFP_{it}) + \mu_2 \ln(R_{it}) + \mu_3 \ln(IM_{it}) + \mu_4 \ln(EX_{it}) + \rho_1 \ln(W_{it}) \cdot \ln(IM_{it}) + \rho_2 \ln(W_{it}) \cdot \ln(EX_{it}) + \gamma_i + \tau_t + \varepsilon_{it} \quad (4)$$

其中，交互项表示中间产品贸易与实际平均工资相互关系引致的就业情况，反应的是劳动力需求弹性。$\ln(W_{it}) \cdot \ln(IM_{it})$ 表示中间产品进口贸易对劳动力需求弹性的影响，$\ln(W_{it}) \cdot \ln(EX_{it})$ 表示中间产品出口贸易对劳动力需求弹性的影响。

本文的解释变量主要分为三部分：第一部分为基本解释变量（W、Q、TFP、R、IM 和 EX）。根据劳动力市场均衡有实际平均工资（W）与就业（N）呈反向关系，预期符号为负；根据要素市场与产品市场均衡有实际产出（Q）与就业正相关，预期符号为正；在开放条件下，技术进步对就业的作用具有双向性和差异性，需要根据作用对象的具体特征来确定，当技术进步的正外部性对就业主要体现为替代作用时，代理变量全要素生产率（TFP）预期符号为负，当技术进步对就业促进作用较强时，预期符号为正；实际汇率（R）对进出口的贸易价格以及贸易流量的影响存在许多争议，进而对就业量的影响也存在不确定性；中间产品进口贸易（IM）对整体就业的影响具有不确定性，由于其具有很强的行业特征，一般认为其对低技能劳动力就业主要体现为替代作用，预期符号为负，其对高技能劳动力就业主要体现为促进作用，预期符号为正；一般认为中间产品出口贸易（EX）具有较强的规模效应，有利于增加就业，尤其是增加劳动密集型行业劳动力的就业，预期符号为正。

第二部分为式（3）中中间产品进出口贸易变量（IM 和 EX）与全要素生产率（TFP）的交互项。中间产品进口引致的技术进步对不同技能劳动力就业的影响不同，一般认为中间产品进口引致的技术进步会减少低技能劳动力就业，交互项系数预期为负，但中间产品进口引致的技术进步会促进高技能劳动力就业，交互项系数预期为正，因此中间产品进口对整体就业水平的交互项系数无法直接判断；一般认为中间产品出口引致的技术进步会减少低技能劳动力就业，交互项系数预期为负，但会促进高技能劳动力就业，交互项系数预期为正，因此中间产品出口对整体就业水平的交互项系数无法直接判断。

第三部分为式（4）中中间产品贸易变量（IM 和 EX）与实际平均工资（W）的交互项。中间产品进口与平均工资的交互项对就业的回归系数符号预期为负，即中间产品进口增加了要素的多样性，优化了投入要素的最优配置，使劳动投入与其他生产要素之间的可替代弹性增大，导致劳动力需求弹性增加，对就业产生负面冲击。中间产品出口与平均工资的交互项对就业的回归系数符号预期为正,即中间产品出口贸易有利于稳定中国劳动力实现,减小就业波动以及工资波动对就业的负面冲击。

(二) 数据说明

本文考虑数据可得性最终选取 2005—2016 年中国 32 个工业行业中间产品贸易的面板数据进行实证回归。各变量的含义、取值方法及数据来源如表 3 所示。

表 3　　　　　　　　　变量取值方法及数据说明

变量	含义	取值方法	数据来源
N	工业行业的就业人数	分行业的在岗职工人数	《中国劳动统计年鉴》
IM	中间产品进口渗透率	进口中间产品值占消费总额的比重	UN – COMTRADE 和《中国工业统计年鉴》
EX	中间产品出口导向率	出口中间产品值占部门总产出的比重	UN – COMTRADE 和《中国工业统计年鉴》
W	工业行业的实际工资水平	行业的名义工资除以居民消费价格指数	《中国统计年鉴》和《中国劳动统计年鉴》
Q	实际产出	各行业名义产出值除以 GDP 平减指数	《中国统计年鉴》和《中国工业统计年鉴》
R	实际有效汇率	经国家之间相对消费价格水平调整	BIS 数据库
TFP	全要素生产率	参见周申等 (2007)	《中国统计年鉴》和《中国劳动统计年鉴》

为了消除不同变量间由于数量级及统计单位差异对回归结果的影响,本文对各回归变量做了进一步处理,取各变量 2005 年的数据为 1 作为基期,各变量的值由当期数值除以对应变量 2005 年的统计值得到。处理后各变量的统计描述如表 4 所示。样本观测值为 384 个,实际平均工资、全要素生产率以及实际有效汇率的标准差相对较小,说明这些变量对应的数据较为稳定。

表4 各变量的统计描述

变量	观测值	均值	标准差	最小值	最大值
$\ln N$	384	0.0699	0.6392	-4.6899	1.2217
$\ln W$	384	0.6958	0.4206	0	1.8646
$\ln Q$	384	1.0523	0.7758	-0.4851	5.3784
$\ln IM$	384	0.6512	0.7532	-2.4128	3.9972
$\ln EX$	384	0.6627	0.9009	-2.4448	4.8496
$\ln TFP$	384	-0.3061	0.3886	-1.2840	0.7163
$\ln R$	384	0.1948	0.1262	0	0.3960

五　实证结果与分析

（一）中间产品贸易影响劳动力需求的实证结果与分析

本文利用 2005—2016 年工业行业的面板数据，为解决面板数据存在的截面异方差问题，特选取了含有个体影响的变截距模型进行估计。关于变截距模型，采取固定效应模型和随机效应模型进行计量估计的结果可能存在较大差异，为了更好地确定哪种模型更加适合，本文依照 Hausman 检验结果来判断。Hausman 检验的原假设是个体效应与解释变量无关，即满足个体随机效应。Hausman 检验拒绝原假设则应选用固定效应（FE）模型。表5的实证结果显示的是选用固定效应（FE）模型估计的中间产品贸易影响工业行业整体劳动力需求的分步回归结果。

具体结果分析如下：模型（1）表示的是考虑技术进步以及开放条件下劳动力市场中影响劳动力需求。模型（1）表明，实际工资水平对总体就业水平有显著的负向影响，也即工资水平的上升会导致企业生产成本增加进而减少劳动力的需求。实际总产出对总体就业水平的回归系数为正，且在1%的水平上显著，也即实际总产出与企业生产规模正相关，通过产品市场与要素市场的传递，最终表现为与人力资本投入要素对应的劳动力需求呈正相关关系。基本回归的变量情况与预期相符。全要素生产率对整体就业的影响表现出在1%的显著性水平上显著正相关，也即全要素生产率每提升1%将促进工业行业0.44%的整体劳动力就业。实际上，技术进步对劳动力需求的影响具有双面性。一方面，全要素生产率代表的技术进步可以通过促使企业进行生产工序、劳动生产效率的改进，进而对劳动力就业产生"替代效应"；另一方面，全要素生产率的提升可以激发企业开发出更多的新产品以及开辟出新的生产领域，进而创造出更多的就业岗位，由于技术进步导致技能偏向性需求增加，这将表现为对高技能水平劳动力需求的增加。显然，这里技术进步对整体劳动力就业产生的"替代效应"弱于技能偏向性对高技能劳动力就业的促进作用，最终表现出因为全要素生产率引致的技术进步增加了总体就业水平。实际汇率对整体就业的影响为正，且在5%的水平上显著，这表明更加开放的贸易环境对带动中国就业具有显著的促进作用。

表5　　中间产品贸易影响整体劳动力需求的回归结果

	（1）	（2）	（3）	（4）
$\ln W$	-0.31** (-2.35)	-0.23* (-1.72)	-0.24* (-1.81)	-0.19* (-1.25)
$\ln Q$	1.44*** (24.18)	1.37*** (21.24)	1.52*** (26.05)	1.33*** (22.76)
$\ln TFP$	0.44*** (5.22)	0.49*** (5.76)	0.52*** (5.25)	0.48*** (5.44)
$\ln R$	0.32** (2.09)	0.38* (1.47)	0.33* (2.46)	0.37** (2.92)
$\ln IM$		-0.07* (-3.46)	-0.05* (-1.36)	-0.05 (-0.79)
$\ln EX$		0.06*** (2.27)	0.05** (1.85)	0.02 (0.28)
$\ln TFP \cdot \ln IM$			0.01* (0.21)	
$\ln TFP \cdot \ln EX$			-0.04** (-0.71)	
$\ln W \cdot \ln IM$				-0.06*** (-3.19)

续表

	（1）	（2）	（3）	（4）
$\ln W \cdot \ln EX$				0.05 ***
				(2.73)
_cons	-0.29 ***	-0.36 ***	-0.36 ***	-0.32 ***
	(-3.61)	(-4.2)	(-4.91)	(-4.83)
组内 R^2	0.7378	0.7232	0.7274	0.7242
Hausman	0.0000	0.0000	0.0000	0.0000
样本数	384	384	384	384

注：① ***、** 和 * 分别表示在1%、5%及10%的水平上显著；②（ ）内为参数估计的 t 统计值。

模型（2）加入了中间产品进出口贸易变量，以便更全面的考察开放条件与技术变化情况下，中间产品贸易对劳动力需求的影响。模型（2）表明，中间产品进口对整体劳动力需求的影响系数为负，且在10%的水平上显著，但影响程度非常有限，表现为中间产品进口每增加1%仅会使整体就业减少0.07%。中间贸易进口对劳动力需求的影响具有双向性。一方面，将进口的低价中间产品投入生产能降低企业的生产成本，表现为出口企业在既定成本约束下进行出口规模的扩张，内销企业从进口低成本的中间投入品中获得竞争优势，获得国际市场份额，总体均表现为产出规模的扩张，从而增加对整体劳动力的需求。另一方面，由于进口的低价中间投入品具有较强的竞争力，会在一定程度上挤占国内的同质性产品市场，减少国内同质性产品的需求，从而使得这一类企业的生产规模变小甚至被淘汰，这一影响传递到要素市场将表现为对劳动力的需求也相应减少。这里显然进口中间投入品对整体就业的替代作用强于其对就业的促进作用，表现为负的就业效应。中间产品出口对整体劳动力的影响在1%的显著性水平上显著为正，即表明中间产品的出口会对总体就业水平产生拉动效应或扩大效应。这主要原因在于增加中间产品出口会促使厂商扩大生产的规模，扩大对劳动力的需求，进而增加总体就业。

模型（3）是在模型（2）的基础上加入中间产品贸易变量与全要素生

产率的交互项,以便更深入的认识中间产品贸易引致的技术进步对劳动力需求的影响效果。加入其交叉项以后,中间产品进口贸易对整体就业水平的回归系数绝对值变小,负向影响被减弱了。可见,中间产品进口贸易对整体就业水平的替代作用会随着技术进步而被减弱,理由在于:技术进步可以通过帮助国内企业提升自身的技术水平,这主要可以通过促进国内企业更好地吸收和消化通过进口中间产品引进的先进技术来实现。一方面就业岗位的增加和创造可以通过创新技术以及开发新产品来实现,同时对于高技能水平的劳动力就业者,其需求数量本身也会随着技术进步的提升而增加。中间产品进口贸易对于整体就业水平的替代效应作用会因为以上两方面的反作用而被抵消一部分,使得总替代效应被减弱,就业抑制作用减弱。加入了中间产品出口贸易(中间产品的出口导向率变量)与全要素生产率(TFP)的交叉项以前,中间产品贸易的出口对劳动力需求的回归系数为正,表现出正的相关性,加入其交叉项以后,中间产品进口贸易对整体就业水平的回归系数变小,可见影响是被减弱了,表明中间产品出口对总体就业水平的促进作用会随技术的进步而减弱。

模型(4)是在模型(2)的基础上加入中间产品贸易变量与实际工资的交互项,以便测算中间产品贸易影响劳动力需求弹性的效果,并依照中间产品贸易引致的工资变化对劳动力需求的影响效果做出进一步的考察。这里用实际工资与中间产品贸易变量的交互项来表示中间产品贸易对劳动力需求弹性的影响,是建立在行业层面的劳动力供给弹性具有完全弹性前提下的。其中,中间产品进口与实际工资的交互项系数为负,且在1%的水平上显著,表明中间产品贸易对劳动力需求具有负向的抑制作用,增加了劳动力需求弹性,使就业和工资波动带来的就业冲击变大。这主要是因为中间投入品的进口增加了最终品对中间投入要素的可选择性,使国内劳动要素的替代弹性变大,进而使劳动力需求更加富有弹性。另外,中间产品进口会刺激国内同质企业提升生产率和竞争力,加强同质产品的市场竞争强度,同时中间产品进口减少了行业合谋程度使产品的需求价格弹性增大,这都将导致劳动力需求弹性上升。实际工资与中间产品出口的交互项为正,这表明中间产品出口贸易减弱了国内竞争,使劳动力需求弹性减弱。

（二）基于行业特征分类下的子样本实证结果与分析

表6　　　　中间产品贸易影响不同技能劳动力需求的实证结果

	\multicolumn{3}{c	}{$\ln N_L$（低技能劳动力就业）}	\multicolumn{3}{c}{$\ln N_H$（高技能劳动力就业）}
	（1）	（2）	（3）	（4）	（5）	（6）
$\ln W$	-0.18***	-0.19***	-0.17*	-0.13**	-0.08	-0.05
	(-2.38)	(-2.61)	(-1.84)	(-2.05)	(-1.02)	(-0.67)
$\ln Q$	1.31***	1.36***	1.33***	1.1***	1.12***	1.06***
	(17.52)	(17.81)	(19.29)	(17.42)	(17.66)	(21.17)
$\ln TFP$	1.5***	1.41***	1.54***	1.32***	1.43***	1.33***
	(26.12)	(23.56)	(25.44)	(20.83)	(19.92)	(19.67)
$\ln R$	0.94***	1.05***	0.99***	0.33**	0.29**	0.28*
	(3.98)	(4.67)	(4.04)	(2.09)	(2.23)	(1.85)
$\ln IM$	-0.03***	-0.04**	0.01	0.01*	0.08***	0.02
	(-1.47)	(-1.97)	(0.3)	(0.67)	(4.32)	(0.85)
$\ln EX$	0.03**	0.02**	0.02	0.04	0.14***	0.09
	(1.57)	(1.61)	(0.82)	(0.48)	(1.83)	(3.84)
$\ln TFP \cdot \ln IM$		-0.1*			0.15***	
		(-1.79)			(4.32)	
$\ln TFP \cdot \ln EX$		-0.2***			0.34***	
		(-4.27)			(5.75)	
$\ln W \cdot \ln IM$			-0.04***			0.08***
			(2.76)			(-0.69)
$\ln W \cdot \ln EX$			0.01***			0.13**
			(0.22)			(2.47)
_cons	-1.24***	-1.29***	-1.26***	-1.30***	-1.29***	-1.38***
	(-20.95)	(-21.32)	(-22.37)	(-17.94)	(-25.51)	(-28.99)
组内R^2	0.8562	0.8739	0.8567	0.9428	0.9446	0.9529
Hausman	0.0000	0.0000	0.0000	0.0000	0.0000	0.0000
样本数	165	165	165	88	88	88

注：①***、**和*分别表示在1%、5%及10%的水平上显著；②（ ）内为参数估计的t统计值。

本文为了进一步考察不同行业特征样本分类下中间产品贸易影响不同技能劳动力需求的实际效果，特对行业进行分类分析。这里用前文的低技术行业与中低技术行业统一归为低技术行业部类，将中高技术行业与高技术行业统一归为高技术行业部类。表6表示的是选用固定效应（FE）模型估计的中间产品贸易影响不同技能劳动力需求的实证结果。

1. 低技能劳动力需求变化情况

模型（1）中中间产品贸易在进口中对低技能劳动力就业的影响系数为负，在1%的显著性水平上表现出负相关性。这可以从中国对外贸易在全球价值分工中的地位进行解释：一方面得益于技术进步的正外部性，通过向发达国家引进资本与技术密集型的中间产品，国内企业可以通过模仿、学习与再创新进而提升企业的劳动生产率水平，减少对低技能劳动力的需求；另一方面，由于进口中间产品会对国内同质性的中间品产生替代，这极有可能导致国内中间品生产规模减小从而对劳动力的需求减少。而进口劳动密集型的中间产品表现为对低技能劳动力需求的减少。中间产品贸易在出口中对低技能劳动力的就业水平的回归系数为正，与预期相符，表明中间产品的出口会显著拉动国内劳动密集型产品的生产，增加低技能劳动力就业。

模型（2）中，全要素生产率和中间产品进口贸易的交互项系数在10%的显著性水平上为负，正如上文分析所述，这主要是因为随着技术进步中间产品进口对低技能劳动力需求的替代作用进一步加强。全要素生产率和中间产品出口贸易的交互项系数在1%的显著性水平上为负，这与预期相符。中间产品出口企业面临激烈的国际竞争环境，会通过不断提高技术水平来提高自身竞争力，获得更大的市场份额，增加对劳动力的需求，但由于技术进步对劳动力提出了更高的要求，出口企业会用更高技能的劳动力替代低技能劳动力来满足生产需要。另外，当发展中国家向发达国家出口互补型中间产品时，一方面为了满足进口国下游产业对中间投入品的高要求，出口企业必须加大技术投入，提高中间产品的技术含量。另一方面，通过与发达国家合作，由于产业关联效应，发达国家的先进技术通过正外部性使出口企业生产技术得到提升。这种技术的提升要求企业雇佣更高技术水平的劳动者，替代低技能劳动力，表现为技术进步促使出口中间产品企业减少对低技能劳动力的需求。

模型（3）中，实际工资与中间产品进口贸易的交互项系数为负，且在1%的水平上显著，这说明中间产品进口对低技能劳动力主要表现为"替代效应"，显著增大了低技能劳动力的需求弹性。这与预期相符。一方面，中间投入品的进口增加了最终品对中间投入要素的可选择性，使国内劳动要素的替代弹性变大。另一方面，中间产品进口会刺激国内同质企业提升生产率和竞争力，提高国内相关研发部门和相关联的最终产品生产部门对劳动力需求的技能要求，表现对低技能劳动力需求减少，进而使低技能劳动力需求弹性变大。实际工资与中间产品出口的交互项为负，表明出口企业在激烈的国际竞争中不断转型升级，提高对劳动力需求的素质水平，逐渐淘汰低技能劳动力，进而增大低技能劳动力需求弹性。

2. 高技能劳动力需求变化情况

模型（4）中，中间产品进口对高技能劳动力就业的影响系数为正，且在10%的水平上显著，表明中间产品进口引起的技术外溢对高技能劳动力的就业有显著的影响。中间产品贸易在出口中不会对高技能劳动力的就业产生显著的影响，表现为高技能劳动力就业对中间品出口的变化反应不敏感。模型（5）中，全要素生产率与中间产品贸易变量的交互项均在1%的水平上显著为正，表明技术进步对中间产品进口与出口的正向影响进一步加强，与前文分析一致，这主要是因为中间产品贸易引致的技术进步的"替代效应"主要表现为对低技能劳动力的替代，而对高技能劳动力的影响主要是技术外溢带来的正外部性，对高技能劳动力就业表现为促进效应。同时，相比较而言，全要素生产率对低技能劳动力就业的替代作用要强于高技能劳动力就业，表现为低技术行业全要素生产率系数的绝对值较高技术行业全要素生产率系数的绝对值大。模型（6）中，实际工资与中间产品贸易变量的交互项均表现出显著的正相关，这表明中间产品贸易对高技能劳动力就业具有促进作用，减少了就业与收入的风险性造成的负面冲击。

六 实证检验与分析

（一）基于动态面板模型的全样本检验结果分析

为了对结果的稳健性进行检验，本部分拟采用两步法的系统 GMM 对全样本数据进行进一步的验证。具体检验结果如表 7 所示。模型检验结果表明，AR（2）的 P 值通过了原假设，即表明模型接受一阶差分方程的残差项不存在二阶自相关性，满足模型估计要求。Sargan 检验的统计量接受了过度识别的原假设，表明工具变量是有效的。

表 7 反映了使用系统 GMM 模型对中间产品贸易影响整体劳动力的分步检验结果。在动态的回归模型中，整体劳动力就业的滞后变量在 1% 的水平上显著，表示动态模型较静态模型更优，并且就业滞后变量显著为正，说明工业行业部门的整体就业具有自我强化的趋势。中间产品贸易变量、其与实际工资的交互项以及其与全要素生产率的交互项系数与静态模型中的估计结果基本一致，说明静态模型估计的有效性。需要指出的是，静态面板模型中，加入实际工资与中间产品进口的交互项后，中间产品进口对整体就业的影响不显著，而在动态面板模型中，模型（4）的中间产品进口贸易在 1% 的显著性水平上为负，这与前面分析一致，即中间产品进口会替代整体就业，增加劳动力需求弹性，使就业风险上升，表现为中间产品进口与实际工资的交互项显著为负。

表 7　　中间产品贸易影响整体劳动力的分步检验结果

	（1）	（2）	（3）	（4）
L. ln$N$	1.08 *** (30.64)	1.06 *** (18.13)	1.07 *** (18.32)	1.13 *** (31.43)
ln$W$	-0.42 *** (-9.06)	-0.37 *** (-8.18)	-0.32 *** (-5.78)	-0.11 * (-1.84)
ln$Q$	0.21 *** (6.84)	0.18 * * * (0.02)	0.18 *** (8.2)	0.16 *** (8.65)

续表

	(1)	(2)	(3)	(4)
ln*TFP*	1.08*** (30.01)	1.12*** (31.8)	0.98*** (13.76)	1.06*** (18.36)
ln*R*	0.77*** (9.99)	0.68*** (10.33)	0.55*** (8.36)	0.57*** (13.62)
ln*IM*		−0.07*** (−3.46)	−0.06*** (−3.66)	−0.08*** (−3.57)
ln*EX*		0.05*** (4.18)	0.04*** (3.97)	0.03 (1.17)
ln*TFP*·ln*IM*			0.03** (2.69)	
ln*TFP*·ln*EX*			−0.1** (−1.48)	
ln*W*·ln*IM*				−0.21*** (−6.36)
ln*W*·ln*EX*				0.1*** (3.7)
_cons	−0.62*** (−22.78)	−0.65*** (−24.83)	−0.61*** (−15.66)	−0.46*** (−10.4)
AR(2)	0.8672	0.8411	0.8396	0.8699
Sargan	0.1546	0.2593	0.2661	0.1600
样本数	288	288	288	288

注：① ***、**和*分别表示在1%、5%及10%的水平上显著；② ( )内为参数估计的 z 统计值。

(二) 实证检验的进一步分析

从中间产品贸易的视角来探索贸易对劳动力需求的影响是对贸易与就业问题内在机理的细化和深化，更能认清贸易与就业的本质与内在逻辑。通过上述测算发现相较于传统贸易对劳动力需求影响的相关研究，中间产品贸易对劳动力需求的影响具有较强的行业特征，并且尽管中间产品贸易带动工业行业整体劳动力就业的作用不大，但长期来看中间产品贸易有利于工业行业劳动力结构的优化。

  1. 中间产品进口对整体劳动力需求的影响系数为负，且在动态模型估计结果显示其在1%的水平上显著，说明中间产品进口对整体就业的替代作用强于其对就业的促进作用，表现出负的就业效应。但影响程度非常有限，说明中间进口对就业的双向作用使其对就业总量的影响被抵消，主要体现为对就业结构的影响。本文中间产品进口每增加1%仅会使工业行业整体就业减少0.07%。与前人研究比较而言，罗军和陈建国（2014）使用制造业细分行业数据得出在1%的显著水平上，中间产品进口每增加1%会使整体就业减少0.11%，比本文结果偏大，这可能是由数据来源的不同所致。从经济含义来看，中间产品进口对就业的抑制作用主要是因为从别国进口中间产品会对国内具有同质性的中间产品产生竞争和替代，减少对整体劳动力的需求。这可以从以下两方面加以解释：一是通过从发达国家进口资本以及技术密集型的中间品会通过技术溢出效应来提升国内的劳动生产效率，进而替代国内低技能或非熟练劳动力；二是劳动密集型的中间品的进口会进一步替代国内同质中间产品，进而减少生产，减少对低技能劳动力的需求水平。从行业特征的实证结果来看，中间产品的进口贸易对劳动者就业的负相关性主要表现在低技能行业以及中低技能部门，影响系数在1%的显著性水平，而对于中高技能行业以及高技能部门的劳动力就业具有促进作用，且在10%的水平上显著。

  2. 中间产品出口对工业行业整体劳动力就业的影响为正，在动态模型估计中显示，具有1%的显著性水平，即表明中间产品的出口会对总体就业水平产生拉动效应或扩大效应。本文中间产品出口每增加1%仅会使工业行业整体就业增加0.06%，比罗军和陈建国（2014）用随机效应模型对制造业数据进行该项估计的结果0.08%偏小，与盛斌和马涛（2008）用广义矩GMM和工业数据对中间产品出口一阶滞后项的就业效应估计结果0.05%较为接近。虽然估计系数大小和估计方法存在一定的差异，但估计符号一致为正，表明中间产品出口及其滞后项对就业具有正向的影响。中间产品出口对于低技能劳动者的影响在5%的显著性水平显著为正，而高技能劳动者对中间产品出口反应不敏感。其中中间产品出口对增加高技能劳动者就业的反应不敏感原因可能在于中间产品出口贸易的规模效应主要来自低技能劳动力的贡献，即主要通过本国所具有的劳动密集的比较优势，使低技能行业的生产规模得到扩大，进而增加对应的就业岗位。

3. 中间产品进口贸易与全要素生产率的交互项系数在系统 GMM 估计结果中显示在 5% 的显著性水平上为正，中间产品进口引致的技术进步每增加 1% 将促进工业行业整体就业增加 0.03%，这与罗军和陈建国（2014）估计结果 0.04 非常接近，说明该项结果相对稳健可靠。而中间产品进口贸易对就业的系数由 −0.07 增大为 −0.06，且在 1% 的水平上显著，表明中间产品进口贸易对工业行业部门整体就业的替代效应会随技术进步而变弱。从分行业特征的回归结果看，中间产品进口贸易引致的技术进步会强化中间产品进口对低技能劳动力的替代作用，且在 5% 的水平上显著，同时会进一步强化其对高技能劳动力的促进作用，且在 1% 的水平上显著，说明中间产品进口引致的技术进步有利于增加高技能劳动力就业，减少对低技能劳动力需求的预测一致。

4. 中间产品出口贸易和全要素生产率的交互项系数在系统 GMM 估计结果中显示在 5% 的显著性水平上为负，中间产品出口引致的技术进步每增加 1% 将使工业行业整体就业减少 0.1%，相比罗军和陈建国（2014）中间产品出口引致的技术进步每增加 1% 将使工业行业整体就业减少 0.05%，本文表明工业行业中技术进步对中间产品出口的抑制作用较制造业行业更加大。而中间产品出口贸易对就业的系数由 0.05 减少为 0.04，且在 1% 的水平上显著，表明中间产品出口贸易对工业行业部门整体就业的促进作用会随技术进步而变弱。中间产品出口增加引起的技术进步对于高技能劳动就业的影响是正向的，但是对于低技能劳动就业的影响是负向的，且在 5% 的水平上显著。

5. 中间产品贸易变量和实际平均工资的交互项后，统计结果显示中间产品进口贸易增加将会增加整体劳动力的需求弹性和低技能劳动力的需求弹性，该结论与盛斌和马涛（2008）的判断基本一致，但高技能劳动的需求弹性会减小，主要原因可能在于中间产品进口对国内中高以及高技术行业的互补作用抵消了部分替代作用。而中间产品出口的增加将会降低整体劳动力的需求弹性，并且也会降低低技能以及高技能劳动力的需求弹性。

七 结论与政策建议

本文基于 2005—2016 年中国 32 个工业行业的面板数据，采用固定效应模型从工业行业整体就业的全样本数据以及基于行业特征分类的子样本数据进行静态的面板回归，并采用系统 GMM 模型对基于全样本的动态面板数据进行实证检验，研究发现：一方面，中间产品的进口对整体及低技能劳动力就业的影响主要表现为负向的替代作用，并且会随技术进步而变弱；另一方面，其出口对整体以及低技能劳动力就业的影响表现为正向的促进作用，并且会随技术进步而变弱，但对于高技能劳动就业的拉动作用会随技术进步而增强。另外，中间产品进口贸易增加主要增加整体和低技能劳动力的需求弹性，使就业风险上升；而中间产品出口的增加会降低劳动力的需求弹性，缓解就业和工资波动对就业的冲击。针对以上研究结论，本文提出了如下三点增加中国工业行业就业和降低就业风险的政策建议。

1. 重视人才的培养，加大人力资本投资，增加对低技能工人的培训，使低技能工人逐渐向高技能工人转换，缩小因技术进步而产生就业替代。根据本文的数据统计，中间产品贸易对就业的替代主要来自低技术部门，中间产品进口对低技能部门工人的替代作用随技术进步增加，从而使低技术部门就业减少。提高工业行业就业人员的技能水平，一方面能提高其在劳动力市场上的竞争力，另一方面能逐渐实现劳动力结构的升级，促进工人向高技能行业流动，提高工业行业的整体就业水平和就业质量。

2. 增加中国工业细分行业在中间产品出口产品方面的研发投入。从对不同技能的劳动力需求的实证结果看，中间产品出口对工业就业的促进作用主要体现在劳动密集型的低技能行业部门，研发投入有助于促进出口企业转型升级，提高高技术产业在国际上的竞争力，扩大高端产品出口，进而增加对高技能劳动力需求的拉动作用。

3. 结合中间产品贸易情况构建与之相关的就业保障体系、收入保障以及其他一些有关的救济措施，从而更好地发挥出口在稳定就业中的作用，同时防控进口在劳动市场中引起的冲击。另外，中间产品的贸易政策还需要和劳动力市场的制度改革相结合，以便更好地解决全球价值分工背景下由于贸易带来的就业冲击等风险问题。

参考文献

[1] 陈雯、苗双有:《中间品贸易自由化与中国制造业企业生产技术选择》,《经济研究》2016年第8期。

[2] 李平、姜丽:《贸易自由化、中间品进口与中国技术创新——1998—2012年省级面板数据的实证研究》,《国际贸易问题》2015年第7期。

[3] 罗军、陈建国:《中间产品贸易、技术进步与制造业劳动力就业》,《亚太经济》2014年第6期。

[4] 毛其淋、许家云:《中间品贸易自由化与制造业就业变动——来自中国加入WTO的微观证据》,《经济研究》2016年第1期。

[5] 盛斌:《中国加入WTO服务贸易自由化的评估与分析》,《世界经济》2002年第8期。

[6] 盛斌、马涛:《中间产品贸易对中国劳动力需求变化的影响：基于工业部门动态面板数据的分析》,《世界经济》2008年第3期。

[7] 盛斌、毛其淋:《贸易自由化、企业成长和规模分布》,《世界经济》2015年第2期。

[8] 盛斌、牛蕊:《贸易、劳动力需求弹性与就业风险：中国工业的经验研究》,《世界经济》2009年第6期。

[9] 唐东波:《垂直专业化贸易如何影响了中国的就业结构?》,《经济研究》2012年第8期。

[10] 田巍、余淼杰:《企业出口强度与进口中间品贸易自由化：来自中国企业的实证研究》,《管理世界》2013年第1期。

［11］王直、魏尚进、祝坤福：《总贸易核算法：官方贸易统计与全球价值链的度量》，《中国社会科学》2015年第9期。

［12］魏浩、张宇鹏、连慧君：《中国出口对目的地企业就业技能结构的影响——基于出口目的地企业样本的分析》，《中国人口科学》2019年第1期。

［13］俞会新、薛敬孝：《中国贸易自由化对工业就业的影响》，《世界经济》2002年第10期。

［14］周昕、牛蕊、李磊：《中间服务投入、中间产品贸易与制造业高技术劳动力相对需求的实证研究》，《经济经纬》2017年第6期。

［15］周申、宋扬、谢娟娟：《贸易自由化对中国工业就业与工资波动性的影响》，《世界经济研究》2007年第6期。

［16］Acharya R. C., "Impact of Trade on Canada's Employment, Skill and Wage Structure", *The World Economy*, 2017, 40 (5): 849-882.

［17］Autor D. H., Handel M. J., "Putting Tasks to the Test: Human Capital, Job Tasks, and Wages", *Journal of Labor Economics*, 2013, 31 (S1): S59-S96.

［18］Fajnzylber P., Maloney W. F., "Labor Demand in Colombia, Chile and Mexico, Dynamic Panel Modeling", World Bank, Washington DC, 2000.

［19］Feenstra R. C., Hanson G. H., "The Impact of Outsourcing and High-technology Capital on Wages: Estimates for The United States, 1979-1990", *The Quarterly Journal of Economics*, 1999, 114 (3): 907-940.

［20］Greenaway D., Hine R. C., Wright P., "An Empirical Assessment of the Impact of Trade on Employment in the United Kingdom", *European Journal of Political Economy*, 1999, 15 (3): 485-500.

［21］Ha H. V., Tran T. Q., "International Trade and Employment: A Quantile Regression Approach", *Journal of Economic Integration*, 2017: 531-557.

[22] Hamermesh D. S., Biddle J. E., "Beauty and the Labor Market", NBER Working Paper, 1993.

[23] Hicks J., *The Theory of Wage*, Springer, 1963.

[24] Hine R., Wright P., "Trade with Low Wage Economies, Employment and Productivity in UK Manufacturing", *The Economic Journal*, 1998, 108 (450): 1500 – 1510.

[25] Maurice S. C., Ferguson C. E., "Factor Demand Elasticity under Monopoly and Monophony", *Economica*, 1973, 40 (158): 180 – 186.

[26] Wood A., *North-South Trade, Employment, and Inequality: Changing Fortunes in a Skill-driven World*, Oxford University Press, 1995.

An Empirical Analysis of the Impact of Intermediate Goods Trade on Employment of Labor Forces with Different Skills

ZHONG Xiaofeng

Abstract: With the continuous development of Global Value Chains, intermediate goods trade based on intra-product specialization has developed rapidly and became the principal means of international trade. This paper attempts to explore the impact of trade on the employment level of labor force with different skills and the elasticity of labor demand from the perspective of intermediate goods. Based on the panel data of 32 industrial sectors in China from 2005 to 2016, using the fixed-effects model, static panel regression is performed based on the full sample data of the whole employment in industry and the sub-sample data classifying by the industry characteristics, and the empirical results are tested using the system GMM model based on the full sample data. The results that, on the one hand, the import of intermediate goods has negative substitution effect on the employment of the whole and low-skilled labor force, and will weaken with the technological advances; on the other hand, its export has a positive effect on the employment of the whole and low-skilled labor force, and it will weaken with the technological advances, but its driving effect on the employment of high-skilled labor force will increase with the technological advancement. In addition, the increase in the import trade of intermediate goods mainly increases the demand elasticity of the whole and low-skilled labor, which increases the employment risk; while the increase in the export of intermediate goods will reduce the elasticity of demand of labor, which alleviates the impact of employment and wage fluctuations on employment. Finally, this paper proposes policy recommendations to increase employment and reduce employment risks in China's industrial sector.

Keywords: Intermediate Goods Trade; The Level of Labor Demand; The Elasticity of Labor Demand; Technological Advances

中美贸易摩擦对两国就业的传导方向和影响因素研究[*]

张建武　薛继亮[①]

摘　要：贸易保护主义除了可能带来贸易冲突，而且可能抑制创造就业机会。本文通过一个扩展的国际贸易的就业效应模型，考察2001–2017年贸易对中美两国就业的影响。结果发现：①从长期来看，中美两国进口和国内就业之间是存在正相关关系的，但是出口对国内就业的影响不确定。②对于美国来讲，美国进口增长有利于就业增长，扩大出口抑制就业，出口导致就业损失大于就业创造，同时出口的就业替代效应较大。③对于中国来讲，中国出口和进口增长的就业创造效应显著，而且进口的就业创造效应更大。④从中国和美国的贸易摩擦对就业的影响来看，增加从中国进口占美国总进口比值变量后并没有改变美国出口才是其失业率提高的主因，而非从中国进口；中美贸易摩擦对中国的就业影响是双向下降的，从进口和出口两个方面；但是对美国就业影响仅为单向下降，主要因素是出口。

关键词：贸易摩擦；就业；作用方向

---

[*] 本文得到教育部研究基地重大招标课题"中蒙俄经济走廊建设中的边境经济发展研究"（16JJDGJW007）；国家自然科学基金项目"对外贸易结构调整对劳动力市场的影响机制与政策研究"（71673063）资助。

[①] 张建武，广东外语外贸大学经济贸易学院教授；薛继亮，内蒙古大学经济管理学院副教授、硕士生导师。

2017年8月，美国贸易代表署根据1974年《贸易法案》第301条款以"中国对美国知识产权存在侵犯行为"为由正式对中国启动调查（以下简称"301调查"）；2018年3月，美国总统特朗普宣布依据"301调查"结果，将对来自中国的600亿美元（约合3800亿元人民币）产品征收关税，并限制中国企业对美投资并购。随即，中国商务部表示，拟对自美国进口的30亿美元产品加征关税；4月，中美两国政府发布加税清单，中美贸易进一步冲突；5月中美进行贸易谈判，虽然取得一定成果，但也存在分歧。减少贸易逆差，保护知识产权成为美方的主要诉求，但是需要思考的是这种诉求以及贸易摩擦的诱因，引起贸易摩擦能否真正扩大美国就业，是否能够伤害中国的产业发展和就业促进？带着这样的问题，本文从问题出发，借鉴一个贸易就业模型，对中美贸易摩擦对两国就业的影响进行实证研究，讨论中美贸易中出口和进口对就业的影响是具有一致的单向影响还是不一致的双向影响。

一　文献综述

　　贸易对就业影响的讨论，是国际经济学的研究重点，但是并没有得出一致的结论。国际经济学经典模型赫克歇尔－俄林－萨缪尔森（H-O-S）理论认为贸易导致行业间的工资差异，促使劳动力的行业间流动，导致行业间的就业水平出现较大差异（Grossman，1984），但是这个理论的前提是充分就业假设，所以整体就业规模不会扩大。但是大量的实证研究发现，贸易会引致就业规模的变化，无论发达国家（Revenga，1992；Kim，2011），还是发展中国家（Revenga，1997；Rama，2003），贸易也会带来企业就业规模的变化和差异（Biscourp，Kramarz，2007）。垂直专业化贸易会影响劳动力就业结构，但是外包会带来发达国家对低技能劳动力的相对需求（Feenstra，Hanson，1995；Glass，Saggi，2001；Sayek，Sener，2006），同时带来高技能劳动力的就业创造（Jones，Kierzkowski，2001），提高高技能劳动力的工资。Strauss-Kahn（2002）研究也发现垂直专业化贸易对法国不同技能的劳动力的就业需求带来影响，尤其会降低低技能劳动力的就业需求，扩大不同技能劳动力的收入差距。Head 和 Ries（2002）发现日本高技能劳动力的相对需求的增加源自其生产外包。Geishecker（2003）发现德国低技能劳动力相对需求的降低也来自外包，Hijzen 等（2005）对英国的研究也得出同样的结论，但是 Feenstra 和 Hanson（1997）的研究发现墨西哥高技能劳动力的相对需求增加源自美国的投资建厂。

在美国次债危机、欧盟债务危机等影响下，贸易保护主义开始抬头，出台保护国内就业为目的的贸易保护政策。Sachs 等（1994）认为美国制造业部门就业减少的主要原因是贸易，Bernard 等（2006）同样验证了从低收入国家进口的增加是美国制造业就业减少的原因。Pierce 和 Schott（2014）的研究认为美国 2001 年以来制造业就业的减少和中国加入 WTO 有关，其中 21% 是由于来自中国的进口竞争（Autor 等，2013），造成 1999—2011 年美国 200 万—240 万工作岗位的流失（Acemoglu 等，2014）。这些学者的研究一致认为对华贸易限制有助于美国就业机会提升（Robert、张丽娟，2018），并被政治家所利用，认为对中国的贸易逆差带来就业损失，中国对美国和全球经济构成存在威胁（Shawn Donnan，2018）。但是还有一部分学者认为美国低技能劳动力需求减少的原因不是贸易，而是技能偏向性的技术进步（Berman 等，1998），同时国内需求的影响力对就业减少的作用更大（Baily，Lawrence，2004；Partridge 等，2013），而且 Riker（2017）对家具业的实证研究则发现对中国进口家具提高关税，减少了美国家具制造业的就业。因此，学术界并没有形成美国就业减少和贸易关系一致的研究结论。

中国学者对于就业和贸易关系的研究也比较深入。魏浩等（2013）分析全球 63 个国家的国际贸易的就业效应发现，从全部样本国家来看，出口的就业效应为正且显著，进口的就业效应为负且不显著；发达国家和发展中国家的出口都有利于促进国内就业，但是发展中国家的进口对国内就业的抑制作用比发达国家要小；不同国家进出口贸易的就业效应具有一定的差异性，实施贸易保护未必有利于国内的就业。宋文飞等

(2014) 发现贸易自由化对就业的影响已经趋近于或达到生产率"饱和点", 主要表现在具有比较优势的劳动密集型产业生产率已趋于"饱和"; 贸易自由化对就业的影响面临"结构"性矛盾, 资本、技术密集型行业和劳动密集型行业对就业的吸纳作用差异较大。李金昌等 (2014) 发现贸易开放, 尤其是进口贸易可以显著促进非正规就业发展; 非正规就业增长中的 18.89%—35.41% 是由贸易开放带来的。增加物质资本投资和人力资本投资会阻碍贸易开放对非正规就业的带动作用, 而且相对于人力资本投资, 物质资本投资引发的"资本替代劳动"现象更容易产生阻碍作用。黄灿 (2014) 实证检验了垂直专业化贸易对我国就业结构的影响, 发现垂直专业化贸易只是显著降低了对高技能劳动力中的研究和试验发展 (R&D) 人员的就业需求, 没有对整体就业结构产生显著影响。就区域而言, 东、中、西部地区参与垂直专业化贸易对各区域就业结构的影响均不显著, 东部地区从事研发相关活动的高技能劳动力的就业需求随着地区垂直专业化贸易份额的提升出现了显著的下降。卫瑞和庄宗明 (2015) 发现 1995 – 2009 年中国总就业和分技能就业均有较大增长, 其中最终产出扩大和出口扩张是就业创造的主要因素, 外包抑制就业创造; 低技术含量产品生产部门的生产国际化效应主要来自出口份额扩张, 受生产国际化的冲击最大。而对于中等技术含量产品生产部门, 其生产国际化效应主要来自外包扩张。马述忠等 (2016) 将出口规模与价值链地位纳入异质性企业模型分析框架, 考察了出口贸易转型升级影响就业的机制, 发现出口规模扩张会对就业产生正向影响, 但是出口企业生产率的提升和价值链地位的提升会抑制就业。毛其淋和许家云 (2016) 研究了中间品贸易自由化对中国制造业就业变动的影响效应, 发现中间品贸易自由化通过"提高就业创造"与"降低就业破坏"两个渠道显著促进了企业的就业净增长; 中间品贸易自由化会抑制低生产率企业的就业, 同时提高了低生产率企业退出市场的概率; 就业再配置效率的改善是中间品贸易自由化促进制造业生产率增长的重要渠道。张志明等 (2016) 分析了中国增加值出口贸易的就业效应的影响因素, 发现增加值出口促进了低技能劳动力就业, 但是劳动投入产出系数变动抑制这种作用的发挥。

奥巴马执政以来推行兼具贸易自由化和贸易保护的"实用主义的贸易政策",对中国就业市场带来了一定的冲击。张艺影和姜鸿(2015)认为美国自中国进口不会减少美国的就业数量。2011年中美贸易为中美两国创造的劳动力报酬分别是551.25亿和156.55亿美元,创造的资本报酬分别是1039.76亿和116.77亿美元。中美应该继续大力发展双边贸易,扩大其对就业与要素报酬创造的贡献。戴枫和陈百助(2016)发现2000—2003年和2007—2011年两个时期的造成美国就业下降的最主要因素是劳动生产率的提高。中美贸易对美国就业的影响主要存在于服务业部门,中间投入品进口是影响美国就业下降的因素。赵德昭和许和连(2013)发现,奥巴马政府对劳动密集型产业进行贸易保护,短期内使美国劳动密集型制造企业的生产可能性边界向外扩张并引起就业规模扩大,但是奥巴马政府单方面实行贸易保护政策将在长期内造成国内消费市场萎缩和失业人数增加,而中国劳动力就业数量不降反升。祝福云(2011)借鉴Jones(1965)一般均衡模型的基本思想与框架,证明了跨越反倾销的外商直接投资就业弹性对经济体福利的正影响。王苍峰和王恬(2010)实证检验了中美双边关税减让对中国制造业行业就业的影响,发现,中美双边关税减让都提高了中国制造业行业的就业,并且这一正面影响在低技术行业更为明显。国内外贸易保护程度加大会减少中国就业,而贸易自由化则会增加中国就业。薛同锐和周申(2017)从短期和长期两个维度分析美国贸易保护对中国劳动力市场就业产生的影响,认为短期内,贸易保护带来的负面效应明显,长期来看,这种影响不再明显,贸易保护反而对美国自身不利。张启迪(2017)认为美国制造业就业之所以下滑,是生产力的不断进步产生了对劳动力的替代效应,带来就业抑制;同时美国制造业增速放缓,也不利于劳动力就业。因此,美国制造业下滑的根本原因不在中国,与中国进行贸易战无法增加美国就业。

综上所述,已有的文献更多地以制造业为研究对象,对非制造业就业增加的文献较少,没有从理论和事实证明中美贸易摩擦对两国就业产生必然的好或者坏的结果，需要进一步从实证中探索中美贸易摩擦对彼此就业的影响，准确把握这次贸易摩擦可能产生的结果，确保在中美贸易摩擦中保障就业稳定。为此，本文尝试在前人研究的基础上，将研究中美贸易摩擦对两国就业的传导和影响因素，重点放在研究出口贸易和传导方向上。

二 模型构建、样本选择与数据说明

本文的国际贸易的就业效应模型的基础是 C – D 生产函数，如（1）式。其中，Q、K、L 分别代表实际产出、资本存量和劳动投入（就业）；i 表示不同的国家，t 表示时期；α、β 分别是资本和劳动的产出弹性系数，A 表示效率进步变量，γ 表示效率进步要素所占的比重。

$$Q_{it} = A^{\gamma} K_{it}^{\alpha} L_{it}^{\beta} \tag{1}$$

$$Q_{it} = A^{\gamma} \left(\frac{\alpha L_{it}}{\beta} \times \frac{\omega_{it}}{c} \right)^{\alpha} L_{it}^{\beta} \tag{2}$$

$$LnL_{it} = \varphi_0 + \varphi_1 A + \varphi_2 (w_{it}/c) + \varphi_3 \ln Q_{it} + \varepsilon_{it} \tag{3}$$

$$A_{it} = e^{\delta_0 T_i} EXS_{it}^{\delta_1} IMS_{it}^{\delta_2} \tag{4}$$

$$LnL_{it} = \varphi_0 + \varphi_1 T + \varphi_2 \ln EXS_{it} + \varphi_3 IMS_{it} + \varphi_4 \ln Q_{it} + \varphi_5 \ln(w_{it}/c) + \varepsilon_{it} \tag{5}$$

考虑完全竞争市场的假设，利润最大化的厂商会使劳动力和资本的边际产出之比等于工资与资本成本之比，得到（2）式。对（2）式取对数，得到劳动需求（3）式。由于进出口贸易会带来技术溢出效应、规模效应，进而影响一国的生产效率，基于此，可以将进出口贸易看作生产函数中的转换系数，如（4）式（Greenway 等，1999）。在（4）式中，T 表示时间趋势，EXS 表示出口，IMS 表示进口，δ_1、δ_2 表示出口和进口的弹性系数。将（4）式代入（3）式，得到（5）式。

此外，需要考虑 FDI 对就业的影响。外商投资的技术外溢或者挤出效应是可以通过影响生产效率来影响就业的。在（5）式中引入外商投资变量（FDIS），得到（6）式。因此，如果出口的扩张通过规模效应或生产率效应实现了就业增加，φ_2 为正数；如果进口增加通过增加产出或者新建企业来促进就业，则 φ_3 应为正数，反之为负数；外商投资会通过技术外溢效应来创造就业。所以 φ_5 为正数。

$$LnL_{it} = \varphi_0 + \varphi_1 T + \varphi_2 \ln EXS_{it} + \varphi_3 IMS_{it} + \varphi_4 \ln Q_{it} + \varphi_5 \ln(w_{it}/c) + \varphi_6 \ln FDIS_{it} + \varepsilon_{it} \qquad (6)$$

这样本文可以利用（6）式验证中美两国贸易变化对就业的影响方向，在此基础上论证其影响因素。本文数据来源于 WIND 数据库、中国统计局数据库和联合国贸易数据库，所有变量取自然对数。时间跨度为 2001—2017 年。

三　实证结果及其解释

本文的验证思路在于首先利用中美两国的面板数据估计贸易对就业的影响，其次在中美贸易的框架下，讨论美国从中国主要进口行业、中国从美国主要进口行业的面板数据进行估计，验证贸易对就业的影响，最后在贸易摩擦框架下模拟贸易对就业的影响。

其中，美国从中国主要进口产品包括电机、电器、音像设备及其零附件，核反应堆、锅炉、机械器具及零件，家具、寝具、灯具、活动房，玩具、游戏或运动用品及其零附件，鞋靴、护腿和类似品及其零件，针织或钩编的服装及衣着附件，塑料及其制品，非针织或钩编的服装及衣着附件，车辆及其零附件（铁道车辆除外），光学、照相、医疗等设备及零附件，钢铁制品以及皮革制品、旅行箱包、动物肠线制品；中国从美国主要进口产品：航空器、航天器及其零件，电机、电气、音像设备及其零附件，核反应堆、锅炉、机械器具及零件，车辆及其零附件（铁道车辆除外），光学、照相、医疗等设备及零附件，油籽、籽仁、工业或药用植物、饲料，塑料及制品，木浆等纤维状纤维素浆，废纸及纸板，木及木制品，木浆，有机化学品，药品、矿物燃料、矿物油及其产品，沥青等。考虑到这些产品企业的就业及相关数据难以获得，本文将这些产品归因于钢铁，汽车，纺织业，服装及其他纤维制品制造业，皮革、毛皮、羽绒及其制品业，木材加工及竹、藤、棕、草制品业，家具制造业，造纸及纸制品业，医药制造业，化学纤维制造业，塑料制品业，专用设备制造业，电气机械及器材制造业。

考虑到数据的平稳性和协整关系，本文通过 ADF 单位根检验对面板数据和时间序列数据进行估计，发现所有滞后一期变量至少在 5% 的显著水平上是平稳序列。之后，本文根据 Hausman 检验的结果，选择固定效应模型。具体估计结果如表 1 所示。

表1　　　　　　　　中美贸易就业模型的估计

变量	模型 1	模型 2	模型 3	模型 4	模型 5
出口	0.0485 ***	-0.0423 *	-0.0125	-0.0188	-0.0383
进口		0.0928 **	0.0998 **	0.1090 **	0.1164 ***
GDP			-0.0471 *	0.0178	0.0130
对外直接投资					0.0227 **
工资				-0.0696	-0.0632
常数	14.4996 ***	14.5010 ***	14.6143 ***	14.5244 ***	14.4389 ***
美国	3.7153	3.7192	3.5770	3.6202	3.5805
中国	-3.7153	-3.7192	-3.5770	-3.6202	-3.5805
R^2	0.9999	0.9999	0.9999	0.9999	0.9999
Adjusted R^2	0.9999	0.9999	0.9999	0.9999	0.9999
LI 检验	105.9195	108.3467	110.2695	110.7220	113.7120
F 统计值	534164	386542	307681	244913	226618

注：***、**、* 分别表示参数在 1%、5%、10% 的显著性水平上显著。

（一）中美贸易就业模型的估计及其解释

对中美整体模型进行估计，进口增加是可以促进就业的，表现为显著的正相关关系。在模型 5 中，进口增加 1%，国内就业将增长

0.1164%。这是因为中间产品的进口会带来产品内分工不断深化和产业链条延伸,带来就业规模的扩大。从长期来看,进口和国内就业之间是存在正相关关系的,即使短期内进口会导致国内的就业机会被替代。

出口对国内就业的影响不确定。进口变量的回归结果不太稳定,模型1的出口的回归系数为正,并且显著;但是逐渐加入控制变量后(模型2至模型5),出口的回归系数为负,只有模型2显著。出口通过产出效应促进就业,但是中美整体模型显示随着对外贸易的发展,一国出口产品部门的规模扩大,并没有促进劳动需求和就业。

从模型5可以发现其他各控制变量的回归结果,吸引外资(对外直接投资)的增加会带来就业增长,对外直接投资(FDI)每增加1%,就业会增长0.0227%;对外直接投资增加,会带来新建企业增加或者扩大已有企业规模,扩大就业当地就业规模,同时也会增加前后关联企业的就业机会。GDP每增长1%,就业增长0.0130%;工资变量与就业呈负相关关系,工资每上涨1%,就业将下降0.0632%。

为了进一步说明中美两国贸易及贸易摩擦可能对就业的影响,本文将分别对中国和美国的贸易对就业的影响进行实证分析,结果如表2和表5所示。

(二) 美国的贸易对就业的影响

对于美国来讲,出口和就业之间具有明显的负相关关系。与全部样本回归的结果是一致的,但是,回归系数比全部样本的回归系数要大得多。模型10显示:出口增加1%,就业减少0.356%。进口对就业显著地促进作用,在模型10中,进口每增加1%,会显著促进就业增长0.0875%。总体来看,美国进口增长有利于就业,出口不利于就业;说明美国现有的产业结构下,出口带来的就业创造小于就业损失,出口的就业替代效应也比较大。

表2　　　　　　　　　　　美国贸易就业模型的估计

变量	模型6	模型7	模型8	模型9	模型10
出口	0.1078***	-0.0367***	-0.0482***	-0.0374***	-0.0356***
进口		0.1491***	0.0848***	0.0874***	0.0875***
GDP			0.1236***	-0.0160	-0.0289
对外直接投资					-0.0006
工资				0.1282***	0.1399***
常数	17.4466***	17.4362***	17.2273***	17.2666***	17.2714***
R^2	0.9112	0.9869	0.9925	0.9944	0.9944
Adjusted R^2	0.9092	0.9862	0.9920	0.9939	0.9937
LI检验	127.8060	171.7363	184.6750	191.4266	191.4830
F统计值	451.7360	1614.353	1855.5910	1825.5650	1428.3490

注：***、**、*分别表示参数在1%、5%、10%的显著性水平上显著。

表3　　　　　　　　　　　美国出口的贸易情况　　　　　　　　　　　单位：%

年份	农业原材料出口占货物出口比重	食品出口占货物出口比重	燃料出口占货物出口比重	制成品出口占货物出口比重	矿物和金属出口占货物出口比重	农业原材料进口占货物进口比重	食品进口占货物进口比重	燃料进口占货物进口比重	制成品进口占货物进口比重	矿物和金属进口占货物进口比重
2006	2.5	7.2	3.7	79.2	3.6	1.2	4.2	18.0	70.7	2.8
2007	2.4	8.2	4.0	77.6	3.9	1.1	4.3	18.4	70.2	2.8
2008	2.3	9.5	6.5	74	4.1	0.9	4.4	23.2	65.8	2.6
2009	2.3	10.2	5.8	66.8	3.5	0.8	5.5	17.5	70.5	2.0
2010	2.6	9.8	7.2	66.2	4.1	1.0	5.0	18.6	70.1	2.3
2011	2.8	10.0	10.0	63.5	4.2	1.0	5.1	20.6	68.0	2.6
2012	2.5	10.2	10.3	63.8	3.7	0.9	4.9	18.8	70.1	2.3
2013	2.4	10.2	11.1	62.7	3.4	0.9	5.2	16.9	71.6	2.2
2014	2.3	10.4	11.2	62.0	3.2	0.9	5.5	14.9	73.2	2.1
2015	2.3	10.1	8.2	64.2	2.9	0.9	5.9	8.7	78.8	2.0

资料来源：世界银行等国际组织。

从美国的出口结构来看,2006—2015年制成品出口占货物出口比重一直在60%以上,但是制成品进口占货物进口比重的均值却在70%以上,即美国消费和就业更依赖于进口,因为进口维系着当前美国的产业结构的高级化进程和服务业发展。因此,虽然对华贸易逆差占到美国全球贸易逆差的2/3,这是由于两国要素禀赋差异和生产率差异带来的,造成美国就业岗位的减少,最大的原因是美国服务业规模大带来的,如表4。美国服务出口比例明显高于服务进口。从这个角度来讲,美国失业率与外贸逆差关联度并不密切,甚至相反;2003—2009年,美国经常账户逆差占GDP的比率上升的同时,失业率却在下降,并且2006年美国经常账户逆差历史规模最大,而同期失业率却仅为4.6%,严重低于美国5.6%左右的长期平均水平(张永军,2018)。

表4　　　　　　　　　　美国进出口的贸易结构　　　　　　　　单位:%

年份	商品出口	服务出口	商品进口	服务进口
1994	71.50	28.50	83.40	16.60
1995	72.41	27.59	84.13	15.87
1996	71.88	28.12	84.04	15.96
1997	72.59	27.41	84.09	15.91
1998	71.84	28.16	83.56	16.44
1999	72.02	27.98	84.30	15.70
2000	73.00	27.00	85.07	14.93
2001	72.72	27.28	84.39	15.61
2002	71.32	28.68	83.95	16.05
2003	71.58	28.42	84.00	16.00
2004	70.90	29.10	84.02	15.98
2005	71.00	29.00	84.78	15.22
2006	71.41	28.59	84.63	15.37
2007	70.46	29.54	84.21	15.79
2008	71.07	28.93	83.96	16.04
2009	67.61	32.39	80.33	19.67
2010	69.61	30.39	82.57	17.43

续表

年份	商品出口	服务出口	商品进口	服务进口
2011	70.49	29.51	83.71	16.29
2012	70.42	29.58	83.60	16.40
2013	69.41	30.59	83.27	16.73
2014	68.77	31.23	83.23	16.77
2015	66.73	33.27	82.21	17.79
2016	65.93	34.07	81.40	18.60
2017	66.51	33.49	81.44	18.56

（三）中国的贸易对就业的影响

表5　　　　　　　　　中国贸易就业模型的估计

变量	模型11	模型12	模型13	模型14	模型15
出口	0.0369 ***	0.0151 *	0.0021 *	0.0169 *	0.0024 *
进口		0.0222 *	0.0277 *	-0.0038 *	0.0132 *
GDP			0.0094	-0.1297 ***	-0.1333 ***
对外直接投资					0.0063 ***
工资				0.1602 ***	0.1587 ***
常数	10.8869 ***	10.8867 ***	10.8387 ***	11.1064 ***	11.0706 ***
R^2	0.9307	0.9323	0.9338	0.9820	0.9862
Adjusted R^2	0.9291	0.9291	0.9291	0.9803	0.9845
LI 检验	145.6600	146.2060	146.7195	176.7384	182.8337
F 统计值	590.5456	296.0105	197.4196	560.6606	572.8029
D-W 检验					

注：***、**、* 分别表示参数在1%、5%、10%的显著性 n 水平上显著。

对于中国来讲，出口和就业变量之间一直表现为显著的正相关关系，进口每提高1%，就业增长0.0132%。出口和就业变量之间也表现为显著的正相关关系，出口每提高1%，就业增长0.0024%。总的来看，中国的进口和出口都有利于就业；中国出口和进口都存在显著的就业创造效应，并且进口的就业创造效应更大。

表6　　　　　　　　　　中国出口占比情况　　　　　　　　单位:%

年份	初级产品出口额	食品及主要供食用的活动物出口额	饮料及烟类出口额	非食用原料出口额	矿物燃料、润滑油及有关原料出口额	动、植物油脂及蜡出口额	工业制成品出口额	化学品及有关产品出口额	轻纺产品、橡胶制品矿冶产品及其制品出口额	机械及运输设备出口额
2001	9.90	4.80	0.33	1.57	3.16	0.04	90.10	5.02	16.46	35.66
2002	8.77	4.49	0.30	1.35	2.59	0.03	91.23	4.71	16.26	39.00
2003	7.94	4.00	0.23	1.15	2.54	0.03	92.06	4.47	15.75	42.85
2004	6.83	3.18	0.20	0.98	2.44	0.02	93.17	4.44	16.96	45.21
2005	6.44	2.95	0.16	0.98	2.31	0.04	93.56	4.69	16.95	46.23
2006	5.46	2.65	0.12	0.81	1.83	0.04	94.53	4.60	18.04	47.10
2007	5.04	2.52	0.11	0.75	1.64	0.02	94.77	4.94	18.02	47.30
2008	5.45	2.29	0.11	0.79	2.22	0.04	94.55	5.55	18.34	47.06
2009	5.25	2.72	0.14	0.68	1.70	0.03	94.75	5.16	15.38	49.12
2010	5.18	2.61	0.12	0.74	1.69	0.02	94.82	5.55	15.79	49.45
2011	5.30	2.66	0.12	0.79	1.70	0.03	94.70	6.05	16.83	47.50
2012	4.91	2.54	0.13	0.70	1.51	0.03	95.09	5.54	16.26	47.07
2013	4.86	2.52	0.12	0.66	1.53	0.03	95.14	5.41	16.32	47.01
2014	4.81	2.52	0.12	0.68	1.47	0.03	95.19	5.74	17.09	45.70
2015	4.57	2.56	0.15	0.61	1.23	0.03	95.43	5.70	17.20	46.59
2016	5.01	2.91	0.17	0.62	1.28	0.03	94.99	5.81	16.74	46.92

资料来源:历年中国统计年鉴。

贸易规模和结构逐步升级,使得工业部门的熟练劳动力比重和规模不断增加,而且优化了就业结构,成为推进就业的重要推动力。从表6和表7工业制成品出口额出口占比持续增加,已经接近总出口额的95%,而初级产品出口额的比重持续下降,占总出口额的5%左右;从进口来看,工业制成品进口额持续下降,占总进口额的70%左右,而初级产品进口额的比重也在上升,占总出口额的 30% 左右。包含贸易结构变化的贸易增长虽然会带来非熟练劳动力就业压力,但是从实证来看,却也是就业结构改善的重要方面(马光明、刘春生,2016)。

表7　　　　　　　　　中国进口占比情况　　　　　　　单位:%

年份	初级产品进口额	食品及主要供食用的活动物进口额	饮料及烟类进口额	非食用原料进口额	矿物燃料、润滑油及有关原料进口额	动、植物油脂及蜡进口额	工业制成品进口额	化学品及有关产品进口额	轻纺产品、橡胶制品矿冶产品及其制品进口额	机械及运输设备进口额
2001	18.78	2.04	0.17	9.09	7.17	0.31	81.22	13.18	17.22	43.94
2002	16.69	1.77	0.13	7.70	6.53	0.55	83.31	13.22	16.43	46.42
2003	17.63	1.44	0.12	8.27	7.07	0.73	82.37	11.87	15.48	46.72
2004	20.89	1.63	0.10	9.86	8.55	0.75	79.11	11.67	13.18	45.05
2005	22.38	1.42	0.12	10.64	9.69	0.51	77.62	11.78	12.30	44.01
2006	23.64	1.26	0.13	10.51	11.25	0.50	76.36	11.00	10.98	45.11
2007	25.42	1.20	0.15	12.33	10.97	0.77	74.56	11.25	10.76	43.14
2008	32.00	1.24	0.17	14.72	14.94	0.93	68.00	10.52	9.46	39.01
2009	28.81	1.47	0.19	14.05	12.33	0.76	71.19	11.14	10.71	40.54
2010	31.07	1.54	0.17	15.19	13.54	0.63	68.93	10.72	9.40	39.35
2011	34.66	1.65	0.21	16.34	15.82	0.64	65.34	10.39	8.62	36.17
2012	34.92	1.94	0.24	14.83	17.22	0.69	65.08	9.86	8.03	35.91
2013	33.75	2.14	0.23	14.69	16.16	0.53	66.25	9.76	7.58	36.42
2014	33.02	2.39	0.27	13.76	16.17	0.43	66.98	9.86	8.80	36.96
2015	28.11	3.01	0.34	12.49	11.82	0.45	71.89	10.20	7.92	40.63
2016	27.78	3.10	0.38	12.76	11.12	0.42	72.22	10.34	7.68	41.43

资料来源:历年中国统计年鉴。

此外,在全球化竞争趋势下,国际贸易和 FDI 必然影响高技能劳动力和熟练劳动力的需求,在资本深化的影响下,必然会扩大中国高技能劳动力的相对需求,这是由资本深化与高技能工人就业的互补关系决定的。由于中国低技能劳动力的存量比较大,未来避免高技能劳动力和低技能劳动力的需求供给差异带来的结构性失业,需要尽快加大对低技能劳动力的技能投资并改善其技能结构。

(四) 中国和美国的贸易摩擦对就业的影响及其解释

为了进一步阐明中美贸易摩擦可能对两国就业带来的影响,本文将引入美国从中国进口占美国总进口比值和中国从美国进口占中国总进口比值两个变量,对模型10和模型15进行进一步的论证,得到模型16和模型17,结果如表8所示。从表8可以发现,增加从中国进口占美国总进口比值变量后并没有改变美国出口才是其失业率提高的主因,而非从中国进口;要想降低美国失业率,需要做的是改善美国贸易结构。从美国进口占中国总进口比值对中国的就业影响为正并且显著。中美贸易摩擦对中国的就业影响是双向下降的,无论进口还是出口;但是对美国就业影响仅为单向下降,主要因素是出口。

表8　　　　　　　　中美贸易变化对就业影响的估计

变量	模型16（美国） T值	模型16（美国） 参数	模型17（中国） T值	模型17（中国） 参数
出口	-0.0574***	-3.2370	0.0112	0.5826
进口	0.1596***	3.6868	0.0268	1.1621
GDP	0.1118	0.9700	-0.0836**	-2.4782
对外直接投资	-0.0007	-0.2302	-0.0156	-0.7301
工资	0.0204	0.2069	0.1385***	5.2939
中美间进口	0.0391*	1.8157	0.0462*	1.9412
常数	17.0036***	106.8681	11.3533***	78.5974
R^2	0.9954		0.9859	
Adjusted R^2	0.9937		0.9805	
LI 检验	97.8961		91.1094	
F 统计值	574.7706		185.8270	

注:***、**、*分别表示参数在1%、5%、10%的显著性水平上显著。

虽然这次中美贸易摩擦的一个因素是美国要对其国内的劳动密集型产业开展贸易保护；但是从美国现有的产业结构来看，美国劳动密集型产业很难像之前一样获得比较优势，因为美国的产业发展已经全面转向资本密集型和技术密集型，而且已经形成的强大工会组织和工资刚性也不允许美国发展劳动密集型产业，这才是美国失业率居高不下的原因；当前美国的制造业还不到 GDP 总量的 12%，其创造的就业仅占美国就业的 8% 左右，传统制造业的低技能、低技术含量就业不再存在。中美贸易摩擦虽然短期可能带来就业增加，但是资本技术密集型产业和现代服务业从长期来看不可能吸纳更多的低端产业工人就业；但是对于中国恰好相反，美国采取一定的限制性措施对劳动密集型产业有影响，但是对于劳动密集型产业就业影响有限，因为中国人口红利和刘易斯拐点效应并未完全释放。

还要注意的是，美国要重视自华进口对美国所引致是就业效应。从中国进口货物，会增加美国贸易、运输、仓储、批发、零售、广告、保险、信贷服务等服务价值链，自然会带来美国就业乘数的增加，带来美国就业创造（隆国强、王伶俐，2018）；这就导致美国从产生贸易逆差的经济体增加进口是可以创造就业率的（金英姬、张中元，2018），带来这个结果的主要原因是产业间贸易。此外，从中间产品进口而言，由于美国产业链比较长，高质量的中间品的增加，会促使企业雇用更多高技能劳动来提高边际质量报酬，高技能劳动相对就业就会增加（薛飞、王奎倩，2017）。这几个原因也证明美国从就业单方面引起贸易摩擦是缺乏理论基础的。

因此，中美两国巨大的产业结构差异带来的贸易结构的差异导致中美发生贸易摩擦对双方就业的影响存在较大的差异，对中国会有较大影响，但是对美国失业率减少意义不大。从中国进口劳动密集型产品并不是造成美国工人失业的最重要因素。深究美国失业的根本原因，主要是国内结构调整滞后和经济周期的影响。对于中国而言，需要做的是，警惕中美贸易摩擦对中国现有产业链条的冲击，可能会带来部分行业的结构性失业。

四 政策启示

贸易保护主义除了可能带来贸易冲突，而且可能抑制创造就业机会。中美贸易开放与合作共赢对于两国就业是利好的，是可以创造更多就业机会的。对于美国而言，需要通过再培训提供再就业机会，不是将失去的就业机会重新塑造。本文通过一个扩展的国际贸易的就业效应模型，考察2001－2017年贸易对中美两国的影响。结果发现：①从长期来看，中美两国进口和国内就业之间是存在正相关关系的，但是出口对国内就业的影响不确定；②对于美国来讲，美国进口增长有利于就业，出口不利于就业；说明美国现有的产业结构下，出口带来的就业创造小于就业损失，出口的就业替代效应也比较大。③对于中国来讲，中国出口和进口都存在一定就业创造效应，进口的就业创造效应更大，且进口和出口的就业效应都是显著的。④从中国和美国的贸易摩擦对就业的影响来看，增加从中国进口占美国总进口比值变量后并没有改变美国出口才是其失业率提高的主因，而非从中国进口；要想降低美国失业率，需要做的是改善美国贸易结构。中美贸易摩擦对中国的就业影响是双向下降的，无论进口还是出口；但是对美国就业影响仅为单向下降，主要因素是出口。

因此，对有中国来讲，需要正视中美贸易摩擦，做到利益损失最小化，全面扩大对外开放。积极推动"一带一路"建设，提高中西部地区的贸易开放格局。积极实行"走出去"战略，增加中国对外投资，通过培育一批有国际竞争力的民族企业绕开贸易保护壁垒，积极形成就业促进效应，在推进地区及全球贸易自由化与劳动力跨境流动方面起到主导作用，引领贸易自由化向更加包容普惠的方向发展。在亚洲基础设施投资银行支撑下，积极推动"一带一路"建设，扩大中国企业业务外向拓展。此外，还要积极推动出口多元化化解中美贸易摩擦。

参考文献

[1] Robert A. Rogowsky、张丽娟：《就业保护与美国贸易保护新阶段》，

《国际贸易问题》2018 年第 3 期。

[2] 魏浩、黄皓骥、刘士彬：《对外贸易的国内就业效应研究——基于全球 63 个国家的实证分析》，《北京师范大学学报》（社会科学版）2013 年第 6 期。

[3] 宋文飞、李国平、韩先锋：《贸易自由化、行业结构与就业门槛效应》，《中国人口科学》2014 年第 1 期。

[4] 李金昌、刘波、徐蔼婷：《中国贸易开放的非正规就业效应研究》，《中国人口科学》2014 年第 4 期。

[5] 黄灿：《垂直专业化贸易对我国就业结构的影响——基于省际面板数据的分析》，《南开经济研究》2014 年第 4 期。

[6] 卫瑞、庄宗明：《生产国际化与中国就业波动：基于贸易自由化和外包视角》，《世界经济》2015 年第 1 期。

[7] 马述忠、王笑笑、张洪胜：《出口贸易转型升级能否缓解人口红利下降的压力》，《世界经济》2016 年第 7 期。

[8] 毛其淋、许家云：《中间品贸易自由化与制造业就业变动——来自中国加入 WTO 的微观证据》，《经济研究》2016 年第 1 期。

[9] 张志明、代鹏、崔日明：《中国增加值出口贸易的就业效应及其影响因素研究》，《数量经济技术经济研究》2016 年第 5 期。

[10] 张艺影、姜鸿：《中美贸易、就业创造与要素报酬》，《世界经济与政治论坛》2015 年第 5 期。

[11] 戴枫、陈百助：《全球价值链分工视角下中美贸易对美国就业的影响：基于 WIOT 的结构性分解》，《国际贸易问题》2016 年第 10 期。

[12] 赵德昭、许和连：《美国对华贸易政策抑制了中国劳动力就业吗？——基于奥巴马对华贸易政策的分析》，《世界经济研究》2013 年第 9 期。

[13] 祝福云：《跨越反倾销的外商直接投资、就业与东道国福利——基于 Jones（1965）一般均衡模型的研究》，《经济问题》2011 年第 3 期。

[14] 王苍峰、王恬:《关税减让对就业的影响:理论分析及对中国数据的实证检验》,《经济评论》2010 年第 3 期。

[15] 薛同锐、周申:《后危机时代美国贸易保护对中国劳动就业的影响》,《亚太经济》2017 年第 1 期。

[16] 张启迪:《与中国打贸易战能增加美国就业吗》,《国际金融》2017 年第 5 期。

[17] 张永军:《对华贸易逆差造成美国就业损失不成立》,《21 世纪经济报道》2018 年 4 月 25 日第 4 版。

[18] 马光明、刘春生:《中国贸易方式转型与制造业就业结构关联性研究》,《财经研究》2016 年第 3 期。

[19] 隆国强、王伶俐:《对中美贸易失衡及其就业影响的测度与分析》,《国际贸易》2018 年第 5 期。

[20] 金英姬、张中元:《中美贸易逆差真的导致美国就业下降吗?——兼论特朗普"贸易再平衡促进就业"的困境》,《上海经济研究》2018 年第 6 期。

[21] 薛飞、王奎倩:《中间产品进口对我国技能结构需求的影响》,《经济经纬》2017 年第 6 期。

[22] Grossman, G. M. , "The Gains from International Factor Movements", *Journal of International Economics*, 1984, 17 (1 - 2): 73 - 83.

[23] Revenga, A. , "Exporting Jobs? The Impact of Import Competition on Employment and Wages in US Manufacturing", *Quarterly Journal of Economics*, 1992, 107 (1): 255 - 284.

[24] Kim, J. , "The Effects of Trade on Unemployment: Evidence from 20 OECD Countries", Mimeo, Research Papers in Economics, Department of Economics, Stockholm University, 2011.

[25] Revenga, A. , "Employment and Wage Effects of Trade Liberalization: The Case of Mexican Manufacturing", *Journal of Labor Economics*, 1997, 15 (S3): S20 - S43.

[26] Rama, M. , "Globalization and Workers in Developing Countries",

World Bank Policy Research working paper, 2958, 2003.

[27] Biscourp, P., & Kramarz, F., "Employment, Skill Structure and International Trade: Firm-level Evidence for France", *Journal of International Economics*, 2007, 72 (1): 22 – 51.

[28] Feenstra, Robert C. and Gordon H. Hanson, "Foreign Investment, Outsourcing and Relative Wages", NBER Working Paper, 1995, No. 5121.

[29] Glass, Amy and Kamal Saggi, "Innovation and Wage Effect of International Outsourcing", *European Economic Review*, 2001 (45): 67 – 86.

[30] Sayek, Selin, Fuat Sener, "Outsourcing and Wage Inequality in a Dynamic Product Cycle Model", *Review of Development Economics*, 2006 (10): 1 – 19.

[31] Jones, Ronald W. and Henryk Kierzkowski, "A Framework for Fragmentation", In S. W. Arndt and H. Kierzkowski, eds, *Fragmentation: New Production Patterns in the World Economy*, Oxford: Oxford University Press, 2001.

[32] Strauss-Kahn, Vanessa, "The Role of Globalization in the Within-industry Shift Away from Unskilled Workers in France", NBER Working Paper No. 9716, 2003.

[33] Head, Keith and John Ries, "Offshore Production and Skill Upgrading by Japanese Manufacturing Firms", *Journal of International Economics*, 2002, 58 (1): 81 – 105.

[34] Geishecker, I., "Does Outsourcing to Central and Eastern Europe Really Threaten Manual Workers'Jobs in Germany?", *The World Economy*, 2003, 1 (26): 61 – 72.

[35] Hijzen, A., Gorg, H. Hine. R. C., "International Outsourcing and the Skill Structure of Labor Demand in the United Kingdom", *The Economic Journal*, 2005, 506 (115): 235 – 254.

[36] Feenstra, Robert C. and Gordon H. Hanson, "Foreign Direct Investment and Relative Wages: Evidence from Mexico's Maquiladoras", *Journal of International Economics*, 1997, 42 (2): 371-393.

[37] Sachs, Jeffrey D., Howard J. Shatz, Alan Deardorff and Robert E. Hall, "Trade and Jobs in U. S. Manufacturing", *Brookings Papers on Economic Activity*, 1994, (1): 1-84.

[38] Bernard, Andrew B., J. Bradford Jensen and Peter K. Schott, "Survival of the Best Fit: Exposure to Low-wage Countries and the (Uneven) Growth of U. S. Manufacturing Plants", *Journal of International Economics*, 2006, 68 (1): 219-237.

[39] Pierce, Justin, and Peter Schott, "The Surprisingly Swift Decline of US Manufacturing Employment, Finance and Economics Discussion Series", Divisions of Research & Statistics and Monetary Affairs, Federal Reserve Board, Washington, D. C., 2014.

[40] Autor, David H., David Dorn, and Gordon H. Hanson, "The China Syndrome: Local Labor Market Effects of Import Competition in the United States", *American Economic Review*, 2013, 103, (6): 2121-2168.

[41] Acemoglu, Daron, David Autor, David Dorn, Gordon H. Hanson, and Brendan Price, "Import Competition and the Great US Employment Sag of the 2000s", NBER Working Paper No. 20395, 2014.

[42] Shawn Donnan, We Need to Talk about the Lighthizer Doctrine", *The Financial Times*, 2018-02-12.

[43] Berman, Eli, John Bound and Stephen Machin, "Implications of Skill-Biased Technological Change: International Evidence", *Quarterly Journal of Economics*, 1998, 113, 1245-1280.

[44] Baily, Martin and Robert Z. Lawrence, "What Happened to the Great U. S. Jobs Machine? The Role of Trade and Electronic of Shoring", *Brookings Papers on Economic Activity*, 2001, 4 (2): 211-270.

[45] Partridge, Mark D., Dan Rickman, M. Rose Olfert, and Ying Tan,

"International Trade and Local Labor Markets: Are Foreign and Domestic Shocks Created Differently?", MPRA Paper No. 53407, 2013.

[46] David Riker, "The Effect of Furniture Imports from China on Employment in U. S. Regions", Office of Economics Working Paper 2017-08-A, 2017.

[47] Greenaway D., Hine R. C. and Wright P., "An Empirical Assessment of the Impact of Trade on Employment in the United Kingdom", *European Journal of Political Economy*, 1999, 15 (3): 485-500.

The Research on the Transduction Way and Influencing Factors of Sino-US Trade Disputes to Employment

ZHANG Jianwu   XUE Jiliang

Abstract: Rather than creating jobs, protectionist measures could also lead to trade conflicts. Through an extended employment effect model of international trade, this paper examines the impact of trade on China and the United States from 2001 to 2017. In the long run, there is a positive correlation between China and the United States 'imports and domestic employment, but the impact of exports on domestic employment is uncertain. For the United States, the growth of imports in the United States is conducive to employment, and exports are not conducive to employment; It shows that under the existing industrial structure of the United States, the employment creation caused by exports is less than the loss of employment, and the employment substitution effect of exports is also relatively large. For China, both exports and imports have a certain employment creation effect. The employment creation effect of imports is even greater, and the employment effect of imports and exports is significant. Judging by the impact of the trade dispute between China and the United States on employment, it is the increase in the ratio of Chinese imports to total imports of the United States that has not changed the United States exports.

Keywords: Trade Disputes; Employment; Influencing Factors

多角度理性看待中美货物贸易顺差

刘 芹[①]

摘 要：中美贸易总是在不平衡当中发展着。货物贸易方面，1993 年中国对美首次出现顺差，之后顺差规模不断扩大，2001 年中国取代日本成为美国最大的贸易逆差来源国，2018 年中美贸易顺差达到历史记录的 3233 亿美元，美方统计数据还要远高于中方数据。为此，本文选取美方强调的人民币汇率低估，中方学者着力的双边贸易统计口径差异、东亚国家或地区的产业转移、跨国公司的全球战略调整、美国对华高技术产品出口的严苛限制、美国宏观经济内外失衡六个方面进行分析，探讨中美货物贸易不平衡发展的原因。

关键词：中美（美中）贸易；贸易不平衡（失衡）；贸易顺差；贸易逆差

一 引言

从经济学角度来分析，贸易摩擦是一个非常低效率的活动。它不仅导致大量政治和行政资源的浪费，使得人们将精力消耗在一些最终证明毫无

[①] 刘芹，广东外语外贸大学国际经济与贸易学院贸易系讲师。

意义的问题上；而且还给企业生产和销售带来各种不确定性，导致全球资源的无效配置，劳动生产率下降，社会福利不断恶化。然而，从贸易政策的政治经济学角度来看，贸易摩擦似乎又是不可避免长期存在的。

2017年1月20日，特朗普宣誓就任美国第45任总统。面对全球需求萎缩和贸易增长停滞，特朗普总统提出以"美国优先、就业至上、重构美国中产阶级、重建伟大美国"为主线的一系列经贸政策。截至2019年5月25日，中美经贸高层经过十一轮谈判，美国却依然在货物贸易领域大做文章，这充分体现了特朗普政府的保护主义、实用主义和民粹主义，对中美经贸关系必将产生深远影响。特朗普总统认为，长期的巨额贸易逆差给美国带来了巨大的财富损失，导致美国大量工人失业，产业受到严重冲击。其实，这种将贸易逆差与贸易利益等同起来的观点由来已久，是重商主义在21世纪的再现。从更深层次原因看，经济全球化条件下美国国内利益分配的失衡，才是特朗普发动对华贸易战的真正始作俑者，因此有必要理性对待中美货物贸易失衡。当前，中美经贸关系剑拔弩张，关税税率和征收领域不断升级和扩大，这种"杀敌一千，自伤八百"的策略实不可取。中美两国的经济发展水平还存在巨大差距，两国对贸易产品的需求还有很大的不对称性，这必将导致中美贸易不平衡状态难以消除，中美贸易摩擦将长期存在（石磊、寇宗来，2004）。

二 中美货物贸易不平衡发展状况

1979年中美正式建交，中美贸易关系正常化；20世纪70年代末80年代初中国实行改革开放，中美双边贸易进入迅速发展的快车道；2001年中国加入WTO给中美贸易发展注入了强劲的活力，中美贸易更是获得长足发展。中美贸易规模之巨大，发展速度之快，举世瞩目。与此同时，中美货物贸易不平衡规模增长显著。据中国商务部最新统计，2018年中国向美国出口4784亿美元，从美国进口1551亿美元，中美贸易顺差达到3233亿美元，这一数据再次创造了历史记录。自2001年取代日本以来，中国一直是美国最大的货物贸易逆差来源国。美国经济学家斯蒂格里茨证明,如果对一国的贸易顺差超过对该国贸易额的 25%—30%,那就不仅是经济问题,而且会成为政治问题。根据中方统计数据,1993 年中国对美首次出现货物贸易顺差 64 亿美元,之后顺差额迅速增大,2018 年达到 3233 亿美元,比 1993 年增长 50 倍之多(见表 1)。

表 1　　　　　　　　1993—2018 年中美贸易发展状况

年份	向美出口（10 亿美元）	自美进口（10 亿美元）	中美贸易总额（10 亿美元）	中美贸易差额（10 亿美元）	中美顺差占中美贸易总额的比重（%）
1993	17.0	10.6	27.7	6.4	23.1
1995	24.7	16.1	40.8	8.6	21.1
1998	37.9	16.9	54.8	21.0	38.3
1999	41.9	19.5	61.4	22.4	36.5
2000	52.1	22.4	74.5	29.7	39.9
2001	54.3	26.2	80.5	28.1	34.9
2002	69.9	27.2	97.1	42.7	44.0
2003	92.5	33.9	126.4	58.6	46.4
2004	124.9	44.7	169.6	80.2	47.3
2005	162.9	48.6	211.5	114.3	54.0
2006	203.4	59.2	262.6	144.2	54.9
2007	232.7	69.4	302.1	163.3	54.1
2008	252.4	81.4	333.8	171.0	51.2
2009	220.8	77.5	298.3	143.3	48.0
2010	283.3	102.1	385.4	181.2	47.0
2011	324.5	122.1	446.6	202.4	45.3
2012	351.8	132.9	484.7	218.9	45.2
2013	368.4	152.3	520.7	216.1	41.5
2014	396.1	159.1	555.2	237.0	42.7
2015	409.2	147.8	557.0	261.4	46.9
2016	385.5	134.4	519.9	251.1	48.3
2017	429.7	153.9	583.6	275.8	47.3
2018	478.4	155.1	633.5	323.3	51.0

资料来源:根据 http://www.stats.gov.cn/数据整理。

表1数据显示，从1998年至今长达21年的时间，仅就货物贸易而言，中美贸易顺差远远超过中美双边贸易额的30%，某些年份甚至达到50%以上。就货物贸易不平衡规模而言，美中贸易逆差已经演变成美国国内的政治问题。

三 中美货物贸易不平衡发展的原因

造成中美货物贸易不平衡的原因有很多。美方认为两国货物贸易不平衡主要有以下几方面原因：中国政策缺乏透明度，且不能完全执行两国签署的协议；中国有意压低工资，并低估人民币汇率以促进出口；中国市场开放度低，美国产品出口遭遇中国贸易壁垒；中国滥用人权、劳工权和环保并拒绝遵守这些领域的国际标准，从而获得不公平的贸易优势；未来的不可预见性。中方则认为两国货物贸易失衡主要是由于美国因素造成的：美方的统计口径和原产地规则使用难以全面衡量并夸大了货物贸易不平衡规模；东亚国家或地区的产业调整和转移引起的贸易转移效应；全球价值链深化背景下美国及其他国家在华投资企业的出口导致美中货物贸易逆差进一步扩大；美国对华高技术产品出口实行严苛的管制；美国宏观经济内外失衡。

（一）人民币汇率问题

中美两国在人民币汇率问题上的争论和博弈从未间断过。自2003年以来，美国一直强烈要求人民币升值，其表面是为了缓解中美贸易不平衡问题，然其真实目的是希望通过人民币升值以阻止或延缓中国经济的崛起。2011年10月，美参议院通过《2011年货币汇率监督改革法案》，对所谓"汇率被低估的主要贸易伙伴国征收惩罚性关税"，其意在逼迫人民币加速升值。2014年10月，美国财政部在对国会两年一度的外汇报告中称，尽管中国表现出愿意让人民币升值的"意愿"，但人民币汇率仍明显被低估。美国目前采用《2015年贸易便捷与贸易促进法案》第701条来判断一国（或地区）是否是"汇率操纵国（或地区）"。2017年4月15

日，美国财政部将包括中国在内的 6 个主要贸易伙伴列入汇率操纵观察名单。

人民币升值能否有助于解决巨额的美中货物贸易逆差？对于这个问题，国内外经济学家研究认为，改变人民币汇率并不能从根本上解决中美货物贸易的不平衡，实际上，中国的廉价商品在很大程度提升了美国人的福利。2005 年 7 月 21 日，中国人民银行发布公告，中国开始实行以市场供求为基础，参考一篮子货币进行调节、有管理的浮动汇率制度：人民币汇率不再盯住单一美元，形成更富有弹性的人民币汇率机制；人民币对美元升值 2%，即从 8.2765 元人民币兑 1 美元升值至 8.11 元人民币兑 1 美元。自 2005 年人民币汇改以来，人民币兑美元汇率始终保持升值态势，2005—2018 年人民币兑美元汇率累计升值 20.05%，其中 2014 年人民币币值达最高点为 6.1428 元兑换 1 美元，总升值幅度 25.78%。然而，人民币汇改之后的十几年，中美货物贸易规模和贸易不平衡规模继续扩大（见表 2 和图 1）。

表 2　　2005—2018 年人民币兑美元汇率以及中美贸易额和中美贸易顺差的变化

年份	人民币兑美元汇率*	比上年升值（%）	中美贸易额（10 亿美元）	比上年增长（%）	中美贸易顺差额（10 亿美元）	比上年增长（%）
2004	8.2768		169.6		80.2	
2005	8.1917	1.03	211.5	24.71	114.3	42.52
2006	7.9718	2.68	262.6	24.16	144.2	26.16
2007	7.6040	4.61	302.1	15.04	163.3	13.25
2008	6.9451	8.67	333.8	10.49	171.0	4.72
2009	6.8310	1.64	298.3	-10.64	143.3	-16.20
2010	6.7695	0.90	385.4	29.20	181.2	26.45
2011	6.4588	4.59	446.6	15.88	202.4	11.70
2012	6.3125	2.27	484.7	8.53	218.9	8.15
2013	6.1932	1.89	520.7	7.43	216.1	-1.28

续表

年份	人民币兑美元汇率*	比上年升值（%）	中美贸易额（10亿美元）	比上年增长（%）	中美贸易顺差额（10亿美元）	比上年增长（%）
2014	6.1428	0.81	555.2	6.63	237.0	9.67
2015	6.2284	-1.39	557.0	0.32	261.4	10.30
2016	6.6423	-6.65	519.9	-6.66	251.1	-3.94
2017	6.7518	-1.65	583.6	12.25	275.8	9.84
2018	6.6174	1.99	633.5	8.55	323.3	17.22

注*为人民币兑美元汇率年平均值。

资料来源：根据 http://www.stats.gov.cn/ 数据整理。

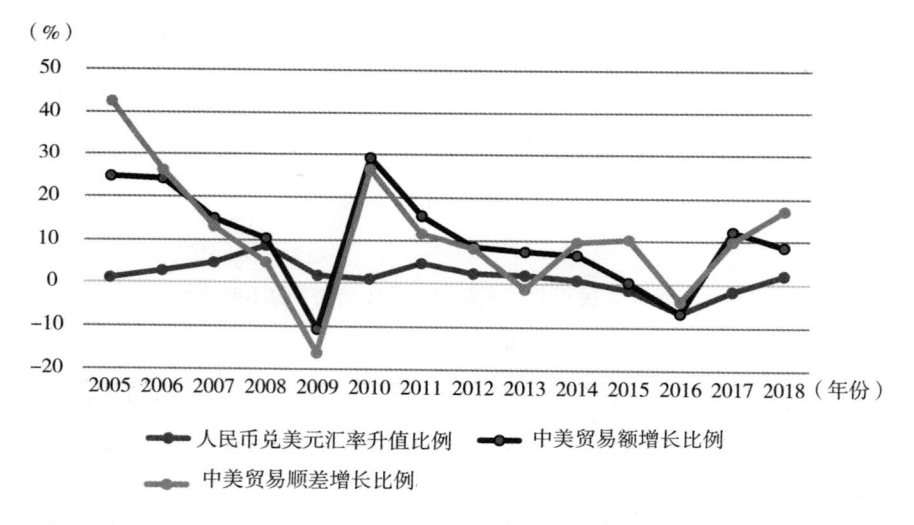

图1　2005—2018年人民币兑美元汇率及中美贸易额和中美贸易顺差变动趋势

理论上，一国货币汇率变动与其贸易规模及贸易差额呈反向波动，即当人民币升值时，人民币购买力上升，外币购买力下降，从而进口增加和出口减少，有助于减少本国贸易顺差。图1的趋势显示，2005—2014年人民币大幅升值，2015—2017年人民币币值略有下调，2017—2018年迫于特朗普政府强大压力，人民币升值约2%。纵观这三个时期，人民币汇率变动始终与中美货物贸易额及贸易差额呈正相关关系，除2009年受金融危机影响之外，人民币大幅升值不但没有减少中美货物贸易规模和贸易顺差,反而保持持续增长态势。

需要指出的是,如果两国经济发展水平相当,汇率的适当调整对于解决经常项目的失衡可能是一个有效选择。如果两国收入水平存在很大差距,只有对汇率进行恶性调整才有可能消除需求不对称而导致的贸易失衡。美国一些官员和学者认为,人民币汇率低估是造成中美贸易失衡的重要原因,并因此要求政府对中国施压,逼迫人民币升值,这完全是出于政治目的为实行贸易保护制造借口。通过对人民币施压迫使中国开放资本市场才是美国更深层次的考虑:美国是全球金融业最发达最强大的国家,美国金融业拥有绝对的竞争优势,一旦中国开放金融市场,美国不仅可以凭借其富有效率的金融体系从中获利,更可以运用其全球金融配置网络来影响中国40多年经济增长所积累的巨额财富的流向和配置。

(二) 中美两国对贸易统计口径的不一致及香港转口贸易的影响

据美方统计,美国对华货物贸易逆差始于1983年,1987年之后逆差额不断扩大,2001年贸易逆差达到832亿美元,中国取代日本成为美国第一大逆差来源国。而据中方统计,自1979年中美建交,中国对美货物贸易的13年都是逆差,直到1993年才出现顺差,贸易顺差也较美国公布的美中逆差要小得多(见表3)。

表3 中国与美国统计的贸易差额 单位:10亿美元

年份	1980	1985	1990	1993	1995	2000	2001	2002
中方统计	-2.59	-2.87	-1.28	6.34	8.62	29.7	29.4	42.7
美方统计	2.59	-0.37	-11.5	-22.4	-36.8	-83.9	-83.2	-103.2
年份	2003	2004	2005	2006	2007	2008	2009	2010
中方统计	58.6	80.3	114.2	144.3	162.9	170.8	143.4	181.3
美方统计	-124.3	-162.6	-202.8	-234.4	-258.7	-268.2	-227.2	-273.1

续表

年份	2011	2012	2013	2014	2015	2016	2017	2018
中方统计	202.5	219.1	215.9	236.9	260.3	254.0	275.8	323.3
美方统计	-295.2	-314.9	318.8	344.9	-367.6	-347.3	-375.9	-419.3

资料来源：http://www.stats.gov.cn/，http://www.bea.gov/。

从表3可以发现，随着中美货物贸易不平衡规模的扩大，2004年之后两国统计的数额相差稳定在800亿—1000亿美元。两国统计数据相差之大，其主要原因是香港转口贸易以及双方所采用的统计口径不一致造成的。中美贸易有相当数量是通过香港转口完成的：美国对进口采用原产地统计，因此美国从中国的进口包括从中国直接进口和从香港转口的部分，特别是美方将中间商在转口过程的增值部分也记入中国出口，直接导致美国对华贸易逆差的虚增；美国出口一般根据出口商的海关申报记录，美国对香港的出口如果经香港再转口到中国，被看作是对香港的出口，所以美国统计出口中国的贸易只是美国对华直接出口的数据而排除从香港转口到中国的部分；与此同时，中国对美商品进口的统计数据不包含经停香港的转口贸易，这无疑缩减了中国对美贸易顺差的真实数据。

关于中美贸易不平衡中涉及香港转口的数据修正，Feenstra等（1999）、孙炜（2006）和Fung等（2011）均曾做过仔细测算。首先，本文采用冯国钊和刘遵义（1999）估算的香港转口加价率，即中国进口美国货物经香港转口加价约为9.5%，美国进口中国货物经香港转口加价约为27.0%。其次，根据香港实际转口额及转口加价率分别估算ACNT与CANT，其中ACNT＝美国离岸价×（1－9.5%），CANT＝中国离岸价×（1－27.0%）；最后，修正FOB和CIF价之后中美贸易的不平衡状况，美国对商品出口使用FAS价（船边交货价），与离岸价相差约1%的装货费用；对于商品进口，各国都采用到岸价，到岸价为离岸价约增加10%。由以上三个步骤，可以得到表4数据。

表 4　　　中美贸易官方数据（按离岸价经转口及转口加价计算）

单位：10 亿美元

年份	美国向中国出口（美方统计）$AX = AX_0(1+1\%) + ANCT$	美国自中国进口（美方统计）$AI = AI_0(1-10\%) - CANT$	中国向美国出口（中方统计）*$CX = CX_0 + CANT \times 50\%$	中国自美国进口（中方统计）$CI = CI_0(1-10\%) + ANCT$	美中贸易逆差 $AB = AX - AI$	中美贸易顺差 $CB = CX - CI$
1995	16.0	20.3	35.1	18.7	-4.30	16.3
2000	21.2	63.9	65.2	25.1	-42.74	40.0
2001	24.5	67.7	66.4	28.9	-43.21	37.5
2002	27.2	87.6	82.5	29.6	-60.42	52.9
2003	27.1	87.4	105.1	35.8	-60.22	69.2
2004	40.2	151.5	137.7	45.6	-111.30	92.1
2005	40.3	192.9	176.0	49.3	-152.6	126.7

注：* 曹乾和何建敏（2004）假定中国官方统计香港转出口美国的数据准确度只有50%。

资料来源：根据 http://www.stats.gov.cn/，http://www.bea.gov/ 数据整理。

通过修正，中美贸易平衡的估算数据与两国官方发布的数据有显著不同。比如2005年，美国官方公布的贸易逆差额是2028亿美元，估算后的数据是1526亿美元，美国公布的贸易逆差额高估了美中货物贸易不平衡规模；中方估算后的贸易顺差额则略有增加，从估算前的1142亿美元增加到1267亿美元。中美双边贸易不平衡数据差额由881亿美元下降到259亿美元，然而，修正后的数据也清楚表明两国贸易差额在不断增大，增速也不可小视。

（三）东亚国家或地区的产业结构调整和转移

加工贸易是中美贸易顺差的主要和决定性来源。20世纪80年代中期以来，中国周边国家或地区进行产业结构的升级调整，把丧失比较优势的劳动密集型产品和对欧美出口摩擦较大的产品转移到中国加工组装，由此形成中国从这些国家或地区进口原材料和零配件加工组装，然后出口到欧美市场的贸易格局，东亚国家和地区把对美国的贸易顺差和贸易摩擦也随之转移给中国（杨丹、张宝仁，2012）。

表5　　1993—2018年中国、美国与东亚地区的贸易差额

单位：10亿美元

1 年份	2 中日	3 中韩	4 与中国台湾地区	5 与东盟	6 与东亚地区①	7 中美顺差	8 美国与东亚地区②	9 美中逆差	10 美国与世界
1993	7.5	-2.5	-11.47	-1.28	-7.75	6.34	-84.63	-22.4	-132.45
1994	-4.75	-2.92	-11.84	-0.009	-19.52	7.49	-96.83	-29.5	-151.41
1995	-0.55	-3.6	-11.69	0.58	-15.26	8.62	-92.21	-33.8	-160.47
1996	1.69	-4.97	-13.38	-0.54	-17.2	10.53	-84.8	-39.5	-168.49
1997	2.83	-5.81	-13.05	0.24	-15.79	16.4	-92.99	-49.7	-182.62
1998	1.39	-8.76	-12.76	-1.57	-21.7	21.02	-120.46	-56.9	-233.41
1999	-1.35	-9.42	-15.58	-2.75	-29.10	22.47	-135.4	-68.74	-337.07
2000	0.14	-11.92	-20.45	-4.84	-37.06	29.74	-150.93	-83.87	-446.78
2001	2.16	-10.87	-22.34	-4.84	-35.89	28.08	-129.86	-83.17	-422.37
2002	-5.03	-13.03	-31.48	-7.61	-57.15	42.72	-133.16	-103.18	-475.25
2003	-14.74	-23.03	-40.36	-16.40	-94.53	58.56	-129.96	-124.33	-541.64
2004	-20.82	-34.42	-51.21	-20.07	-126.53	80.28	-148.53	-162.62	-664.77
2005	-16.42	-41.71	-58.13	-19.63	-135.89	114.2	-160.93	-202.83	-782.80
2006	-24.05	-45.20	-66.37	-18.22	-153.84	144.3	-170.88	-234.43	-837.29
2007	-31.93	-47.65	-77.57	-14.24	-171.39	162.9	-158.2	-258.66	-821.20
2008	-34.47	-38.21	-77.46	-2.69	-152.82	170.8	-152.12	-268.23	-832.49
2009	-33.05	-48.88	-65.22	-0.49	-147.63	143.4	-98.5	-227.24	-509.69
2010	-55.69	-69.58	-86.06	-16.54	-227.88	181.3	-106.7	-273.07	-648.67
2011	-46.29	-79.79	-89.80	-22.95	-238.83	202.5	-133.5	-295.19	-741.00
2012	-26.21	-81.06	-95.43	8.36	-194.34	219.1	-154.2	-314.94	-741.12
2013	-12.11	-91.91	-115.77	44.48	-175.31	215.9	-105.7	-318.76	-700.54
2014	-13.53	-89.78	-105.73	63.81	-145.23	236.9	-106.9	-344.93	-749.92
2015	-7.29	-73.22	-98.31	82.82	-96.00	260.3	-113.8	-367.57	-761.87
2016	-16.26	-65.25	-98.61	59.76	-120.35	254.0	-110.5	-347.27	-751.05
2017	-28.54	-74.85	-111.98	43.55	-171.82	275.8	-108.7	-375.91	-807.50
2018	-33.50	-95.85	-128.95	50.62	-207.68	323.3	-101.3	-419.27	-891.25

注：①东亚地区包括日本、韩国、中国台湾和东盟10国；②1993—2002年的东亚地区包括日本、韩国、中国台湾和东盟10国；2013—2018年的东亚地区指的是日本、韩国、中国台湾，不包括东盟10国。

资料来源：http://www.stats.gov.cn/，http://www.customs.gov.cn/，http://www.bea.gov/。

表 5 第 6 列数据显示，1996—2011 年中国—东亚贸易逆差逐年增加，自 2010 年 1 月 1 日中国—东盟自贸区正式启动，特别是"一带一路"的实施，中国出口东盟增长迅速，对东盟的贸易逆差转变为贸易顺差，由此 2012—2015 年中国—东亚贸易逆差有所减少；但是中国对日韩台贸易逆差持续上升，所以 2016—2018 年中国—东亚贸易逆差依旧呈现上升趋势。数据第 6、第 7 列相比较显示，中国与东亚贸易逆差的变化整体趋势和中美贸易顺差的变化趋势基本一致；第 6、第 8 列数据比较可以发现，在中国与东亚地区贸易逆差不断上升的同时，美国对东亚地区的贸易逆差却相对下降。据此可以得出一个结论，中国对美国贸易顺差上升，部分来源于东亚的日韩、中国台湾和东盟等国家和地区对美国的贸易顺差。根据美国国际研究所的研究，美国从中国进口的近 90% 是替代原来从东南亚低工资国家的进口，只有约 10% 是直接来源于中国的竞争。美中贸易逆差占美国逆差总额的比重从 1993 年的 16.9% 上升至 2018 年的 47.0%，而同期美国对日韩、中国香港和中国台湾的贸易逆差合计占比则从 63.9% 降至 11.4%。

（四）全球价值链深化背景下跨国公司的全球战略调整

有关 1990 年以来发达国家制造业向全球转移的研究证明，新兴工业化六国（中国、印度、韩国、泰国、印度尼西亚、波兰）是这一轮全球价值链深化的最主要受益者。特别是中国，通过设计和实施有效的吸收外资战略和政策，参与制造业分层式生产和任务贸易，最终承接了这一时期发达国家转移的制造业产值的 75%—80%（Baldwin，2016；黄鹏等，2018）。

跨国公司进行全球性战略调整，进一步扩大了美中货物贸易逆差（Koopman 等，2008）。从跨国公司的角度来看，这种产业内贸易和公司内贸易能够发挥不同国家的比较优势，不仅提高公司盈利，也使东道国受益，是一种双赢。1998 年在华 FDI 贸易顺差仅占中国总顺差的 9.74%，2011 年跃升至 84.3%，之后由于中国直接贸易比重增加，这一比重缓慢下降；同一时期，在华 FDI 对美国贸易顺差占中美贸易顺差的比例也经历了由上升再缓慢下降的过程（见表6）。

表6　　　　　　　　1998—2018年在华FDI与贸易顺差

年份	中国贸易顺差（10亿美元）	中美贸易顺差（10亿美元）	在华FDI贸易顺差（10亿美元）	在华FDI对美贸易顺差（10亿美元）	在华FDI贸易顺差占中国贸易顺差比重（%）	在华FDI对美贸易顺差[①]占中美贸易顺差比重（%）
1998	43.5	21.0	4.24	7.56	9.74	36.0
1999	29.2	22.4	2.73	8.96	9.35	40.0
2000	24.1	29.7	2.17	13.30	9.00	44.8
2001	22.5	28.1	7.37	13.65	32.8	48.6
2002	30.4	42.7	9.65	21.71	31.7	50.9
2003	25.5	58.6	8.31	36.24	32.6	61.8
2004	32.1	80.2	14.1	58.94	43.9	73.5
2005	102.0	114.3	56.7	66.43	55.6	58.2
2006	177.5	144.2	91.3	83.00	51.4	57.6
2007	263.9	163.3	135.6	87.67	51.4	53.7
2008	298.1	171.0	171.1	100.26	57.4	58.6
2009	195.7	143.3	126.7	66.61	64.7	46.5
2010	181.5	181.2	123.8	91.59	68.2	50.5
2011	154.9	202.4	130.6	109.09	84.3	53.9
2012	230.3	218.9	151.1	111.91	65.6	51.1
2013	259.0	216.1	169.1	105.76	65.3	48.9
2014	383.1	237.0	165.7	107.92	43.2	45.5
2015	593.9	261.4	175.7	107.88	29.6	41.3
2016	509.7	251.1	146.0	103.25	28.6	41.1
2017	419.6	275.8	156.0	113.67	37.2	41.2
2018	351.8	323.3	103.9	131.56	29.5	40.7

注：* 在华FDI对美贸易顺差根据林玲等（2014）对相关数据做的近似处理。

资料来源：根据http：//www.stats.gov.cn/，http：//www.fdi.gov.cn/数据整理。

基于属地原则的传统贸易统计体系会忽略几个问题：其一是加工贸易引致的贸易创造效应。在华 FDI 企业大多从事加工贸易，其"两头在外"的特点使贸易呈现"大进大出"，即为出口而进口大量原材料进行加工。其二是市场导向型投资对贸易的"替代效应"。跨国公司当地生产当地销售，替代投资母国对东道国的出口，使原本应计入中国进口的部分在属地原则下计入了中国的内部贸易。其三是在华 FDI 投资生产的产品返销美国从而产生贸易转移效应。比如在华加工生产的苹果手机，2016 年全球总销售 2.154 亿部，其中 35% 销往美国市场，以每部 230 美元的成本计算，仅苹果手机就为 2016 年美中货物贸易逆差贡献近 150 亿美元。其四是大部分利益的所有权不归中国享有。纵观 21 年，中美货物贸易顺差有 40% 以上是由在华 FDI 企业创造的，中国仅获得少量的劳动力报酬和资源报酬。全球生产网络和高度专业化的生产过程改变了传统的贸易模式：发展中国家出口高科技产品，工业化国家则进口原本由自己发明的高科技产品。比如作为高科技产品的苹果手机，不但无助于美国扩大出口，反而导致美国贸易逆差增加。另外，传统的贸易统计方法将产成品的全部价值计入国际生产链的最后阶段，这无疑夸大了跨国公司母国与东道国之间的贸易失衡。

（五）美国对华实行高新技术产品出口管制

根据 H-O 理论模型，中国劳动力丰裕，应该专业化生产和向美国出口劳动密集型产品，进口技术密集型产品；美国资本和技术丰裕，应该专业化生产和向中国出口资本及技术密集型产品，进口劳动密集型产品。如果中美两国进出口产品的总价值相当，美中贸易不平衡状况不会出现。但实际情况是，美国可以自由进口中国劳动密集型产品，中国的比较优势得到释放，却对其国内企业向中国出口技术密集型产品设置诸多限制，制约了其比较优势的发挥，这种贸易的不对称无疑成为美国对华贸易逆差的又一诱因（见图 2）。

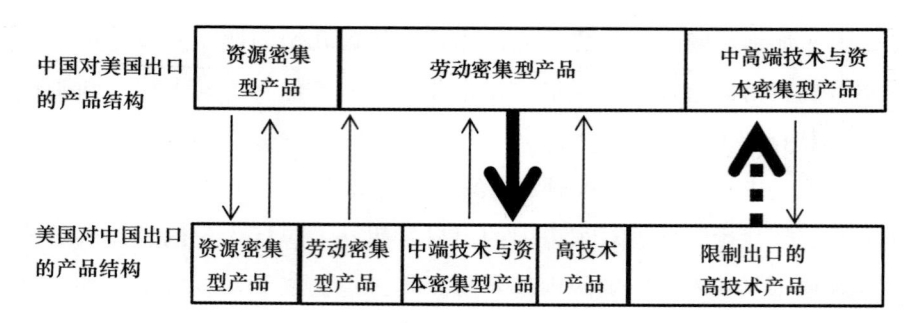

图 2　中美双边货物贸易结构

图 2 显示，中国向美国出口的产品以劳动密集型产品为主，为实现贸易平衡，美国应该向中国出口总额对等的产品，其中应以高技术产品为主。但是，为了防止技术外溢，美国以国家安全为由自愿限制对华高技术产品出口，并不向中国出口数额对等的高技术产品。虚线箭头说明，美国向中国应该出口却限制出口的高技术产品是美国获得美中货物贸易平衡的最佳途径。这种由于贸易管制决定的贸易走向以及贸易产品结构的不对称性，致使美国对华出口的产品集中在农产品、汽车和飞机等有限的产品类别上，其宽领域、多数量的高技术产品被锁定在美国国内，导致美国对华货物贸易产生巨额逆差（黄晓凤、廖雄飞，2011）。

长期以来，美国对华高技术产品特别是军民两用产品出口实施严苛的限制。2009 年美国国际贸易委员会的一份报告指出，美国对华先进技术产品出口，包括信息技术通信产品、生物科技产品以及航空航天产品，要显著低于对其他国家。例如，在芯片制造领域美国具有绝对的领先优势，但由于其将大多数芯片纳入禁止对华出口清单，2016 年中国进口各类芯片高达 2400 亿美元，但美国对中国出口的芯片仅占中国进口总量的 4%。按照美方统计，2017 年美对华高科技贸易逆差为 1354 亿美元，占货物贸易逆差的 36%。美国如果放开高科技产品的出口限制，实现该领域的贸易平衡，即可减少美中逆差近四成。

2011 年以来，美国政府曾多次放宽对高技术产品的出口管制，但中国始终被排除在出口市场名单之外。美国声称，这些举措是为了维护国家安全，维护出口商的利益及保护工人就业。实际上，这种管制使美国的商业利益受到了严重损害,据统计,2001—2011 年中国高技术产品进口从 560 亿美元增加到 4630 亿美元,但同一时期中国从美国进口高技术产品的比例从 16.7% 下降到了 6.3%。另据 2017 年 4 月卡内基国际和平基金会发布的研究报告,如果美国将对中国的出口管制程度下降至对巴西的水平,美国对中国的贸易逆差可缩减 24%;如果降至对法国的水平,最多可缩减 34%。2017 年 10 月美国举行名为 "301 调查:中国有关技术转让、知识产权和创新的法律、政策和做法" 的公开听证会,提及最多的就是《中国制造 2025》。实际上,特朗普首次提出对中国价值 500 亿美元商品加征关税的产品清单,不再是中国具有传统比较优势的中低端制造业产品,而主要是《中国制造 2025》计划发展的高科技产业。2018 年的 "中兴事件" 释放出一个强烈信号,美国将会通过各种手段阻碍中国的技术进步,类似事件一旦大范围爆发,后果会较为严重(刘建丰,2018)。

(六) 美国宏观经济内外失衡

全球最典型的贸易顺差国是德国和中国。德国的顺差主要体现为欧元区内对西班牙、葡萄牙和希腊等国的顺差,中国的顺差主要体现为对欧美等发达经济体的顺差。德国与西班牙等国之间和中美之间的贸易顺差,本质上都是国家内部经济结构不合理和经济发展不平衡造成的。

内外均衡是开放经济宏观层面两个最基本的平衡关系,宏观经济的整体状况取决于内部均衡状况、外部均衡状况以及它们之间的和谐程度。国际货物贸易是外部均衡的重要一环,不仅反映贸易收支和整个外部均衡状况,更要反映宏观经济的内部均衡状况以及内外均衡之间的协调程度。因此,国际贸易政策必须顺应内外均衡之间的配合和协调,促使内外同时达到均衡。如果不考虑政府因素,国民经济核算恒等式($S-I=X-M$)显示,在开放经济条件下,当一国储蓄大于投资($S>I$),出口就会大于进口($X>M$),在贸易上表现为顺差;当投资大于储蓄($I>S$),进口就会大于出口($M>X$),在贸易上表现为逆差。

通常的理解是,在实现内、外部经济同时均衡的基础上,开放的宏观经济实现总体均衡,这是宏观经济运行的理想状态。更普遍的情况是,内、外部经济在一般情况下都是非均衡的,它们总是在动态环境中实现宏观经济的总体均衡。进一步说,动态的均衡反映了现实中开放宏观经济的常态,更反映了外部经济在维持宏观经济总量和结构平衡过程中的作用,这也可以说是"开放"两字的意义所在(雷达、于春海,2004)。在总量关系上,国内储蓄和投资之间的差额可由外部顺逆差来弥补;在结构关系上,国内供求之间的结构性差异也可由外部经济来调节。在这样一种互补关系中,国际贸易政策和措施的实施不仅要维持外部均衡,还要促使进出口适应内部经济的发展、变化和调整。

中美贸易失衡的主要原因在于美国的国内储蓄相对于投资太低。1971年,美国首次出现货物贸易赤字,之后的贸易赤字不断扩大,这是因为美国国民收入分配结构不尽合理,低储蓄、高消费导致供不应求。1990年以来,美国储蓄占GDP的比重基本是逐年递增的,但是与储蓄相比,美国的投资率却表现出更强劲的增长,较高的投资占有率与较低的储蓄占有率形成储蓄投资的缺口,在贸易收支上表现为进口大于出口,体现为贸易逆差。相反,由于传统习惯、经济体制改革等原因,中国一直保持较高的国民储蓄率,较高的储蓄率与相对较低的投资率使储蓄和投资占有率之差为正值,在贸易收支中就表现为出口大于进口,体现为贸易顺差。除了美元的国际地位,其他国家特别是像中国这样的东亚国家保持较高的国民储蓄率是美国之所以能长期维持贸易逆差的一个主要因素。中国等一些东亚国家大量的货物贸易顺差,通过购买美国国债或进行直接投资,使得大量的资金又回流美国,很大程度平衡了美国的国际收支。中美双方的国民储蓄率如果长期保持很大差异,即使上面提到的其他因素均产生作用,人民币升值也不可能根本改变美中巨额货物贸易逆差问题。

四 结论

当前,中美贸易摩擦只是"冰山一角",美国借口美中跨境货物贸易巨额逆差不断升级和扩大关税税率和征收领域。本文在已有研究的基础上,多角度分析中美货物贸易失衡原因,得出以下结论:(1)人民币汇率不是美中货物贸易巨额逆差产生的主要原因;(2)中美两国统计口径差异和美方对原产地规则的使用难以全面衡量并夸大了货物贸易失衡规模;(3)东亚国家或地区产业调整和转移把其对美国的贸易顺差和贸易摩擦一起转嫁给了中国;(4)全球价值链深化背景下美国及其他国家在华投资企业的出口替代了投资国对美国的出口以及减少了美国国内生产导致进口增加;(5)美国对华高技术产品出口的严苛管制制约了美国比较优势的发挥,中美在高技术产品领域的贸易顺差进一步扩大了中美贸易失衡;(6)美国宏观经济内外失衡,即内部投资储蓄的失衡必然造成外部贸易失衡,短期内难以消除。

参考文献

[1] 曹乾、何建敏:《中美双边贸易不平衡额究竟有多大:1993—2002年的实证分析》,《中国软科学》2004年第8期。

[2] 冯国钊、刘遵义:《对美中贸易平衡的新估算》,《国际经济评论》1999年第3期。

[3] 黄鹏、汪建新、孟雪:《经济全球化再平衡与中美贸易摩擦》,《中国工业经济》2018年第10期。

[4] 黄晓凤、廖雄飞:《中美贸易失衡主因分析》,《财贸经济》2011年第4期。

[5] 雷达、于春海:《内外均衡、结构调整和贸易摩擦》,《世界经济与政治》2004年第8期。

[6] 林玲、葛明、赵素萍:《属权贸易统计与中美贸易差额重估》,《国际贸易问题》2014年第6期。

[7] 刘建丰:《加快经济转型和改革开放—应对中美贸易摩擦——2018年第二次"经济学人上海圆桌会议"专家视点》,《上海交通大学学报》(哲学社会科学版)2018年第4期。

[8] 石磊、寇宗来:《美国的贸易逆差及中美贸易摩擦成因探析》,《复

旦学报》（社会科学版）2004 年第 4 期。

[9] 孙炜：《中美贸易差额分析及其平衡对策研究》，《世界经济与政治论坛》2006 年第 4 期。

[10] 杨丹、张宝仁：《东亚因素对中美贸易失衡影响的定性与定量分析》，《国际贸易问题》2012 年第 10 期。

[11] Baldwin R., *The Great Convergence*, Harvard University Press, 2016.

[12] Feenstra Robert C., Hai Wen, Woo Wing T., Sachs Jerrrey D. and Yao Shunli, "The U. S. -China Bilateral Trade Balance: Its Size and Determinants/1999: Discrepancies in International Trade Data: An Application to China-HK Entrepot Trade", *American Economic Review*.

[13] Fung Kowk-Chiu and Lawrence J. Lau, 2011, " New Estimates of U. S. -China Bilateral Trade Balances?", *Journal of Japanese and International Economics*, 15, 102 – 130.

[14] Koopman Robert, Wang Zhi, Wei Shangjin, 2008, "How Much of Chinese Exports is Really Made in China? Assessing Domestic Value-added When Processing Trade is Pervasive", NBER Working Paper 14109.

Treating Rationally Sino-US Merchandise Trade Surplus from Several Aspects

LIU Qin

Abstract: Sino-US trade has been always developing in an imbalance. As for merchandise trade, the year of 1993 is the first time for China to have trade surplus to the US Since then, the size of trade surplus has been expanding more and more. China replaced Japan and has been the largest economy of trade surplus to the US since 2001. The Sino-US trade surplus reached the record of USD 323. 3 billion in 2018. America's data are much more than China's. For this, the paper explores the reasons of Sino-US merchandise trade imbalance from six aspects, such as the devaluation of RMB exchange rate, the difference in statistical data between China and the US, the industries transfer to China from East Asia, the worldwide strategic adjustment of MNCs, the American strict restrictions on the exports of high-tech products and the American macro-economy imbalance.

Keywords: Sino-US (US-China) Trade; Merchandise Trade; Trade Imbalance; Trade Surplus; Trade Deficit

国际治理人才培养的域外经验和中国策略

李 楠　张蔼容[①]

摘要：随着综合国力增强和国际影响力提升，中国越来越多的在国际治理中发挥重要作用，但在大型国际组织中的中国职员总量不足，尤其是担任高级职位的人数比例偏低，为了加强参与国际治理的人才支撑，对中国国际治理人才的研究具有迫切的现实需要。本文结合了联合国胜任力模型，分析国际组织人才需求标准和国际组织岗位空缺现状，并以美国、瑞士和印度为例，总结国际治理人才培养的国际经验。发现中国目前主要面临国际治理人才总量不足、结构不合理，人才培养方式单一，对国际组织运作方式了解不充分，人才缺乏国际组织实践经验以及学生缺乏主动意识等问题，在此基础上提出了建立国际治理人才培养资助、推送、激励三大机制以及制定系统的国际治理人才培养体系两大方面的对策建议。

关键词：国际治理；人才培养；国际组织；胜任力

[①] 李楠，广东外语外贸大学商学院副教授；张蔼容，广东外语外贸大学经济贸易学院研究生。

引 言

国际治理是指国家之间建立国际组织，形成国际条约来管理国际公共事务的理念（李湛军，2006），中国作为迅速崛起的大国，国家战略利益已越来越多地扩展到经济利益和文化利益，中国应在国际治理领域发挥更大作用，而中国要推动国际治理体系变革，关键在于国际组织人才的培养和输送。纵观世界，部分发达国家对国际治理人才的培养较为成熟，经验丰富且取得一定的成果，而目前国内对于此类的研究较少，国际治理人才的培养在现实中也面临困境与挑战，因此有必要充分了解国际组织人事制度，借鉴他国经验，寻找中国培养国际治理人才的新思路。本文在分析目前国际组织的人才需求标准及空缺情况的基础上，结合国内外实践经验，发现中国在培养国际治理人才过程中存在的问题，最后提出相应的对策和建议。

一 国际组织人才需求情况

（一）国际组织人才需求标准

联合国国际公务员制度咨询委员会在1954年编写的《关于国际公务员行为标准的报告》，被视为国际组织职员素质的规范蓝本，将国际组织职员需具备的素质主要概括为忠诚与包容、宗旨与奉献等内容，2001年《国际公务员行为标准》在此基础上完成了新一轮的修订。目前关于国际组织胜任素质论述较为充分的是联合国秘书处发布的《联合国胜任力报告》（United Nations，2012），其中将胜任力定义为"技能、特质和行为的结合，它与是否能在某个岗位上有成功的表现有着直接的关系"（滕珺、曲梅，2013）。

表 1　　　　　　　　　联合国胜任力模型核心指标

核心价值观	核心胜任力	管理胜任力
正直	交流能力	领导力
专业	团队合作能力	富有远见
尊重多样化	计划与组织能力	赋权与他人
	责任心	建立信任
	创造力	绩效管理
	客户导向性	决策力
	持续学习能力	
	技术意识	

该报告根据联合国胜任力模型，设计了胜任联合国职位必须具备的包括 3 项核心价值观、8 项核心胜任力和 6 项管理胜任力在内的共计 99 项行为指标，其中核心胜任力是每个员工都必须具备的技能，特质和行为，管理胜任力是承担管理和监管职能的员工须具备的技能、特质和行为，这两种能力并不具体针对某种岗位，而是一种可迁移的能力，不受职位、环境的限制，在不同的岗位中可以相互转化（滕珺等，2014）。

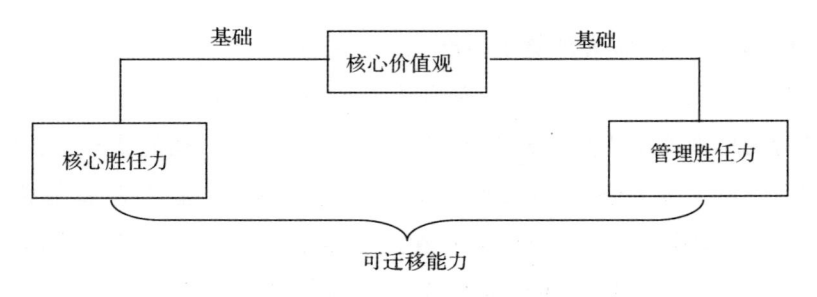

图 1　联合国胜任力模型指标关系

总的来说，联合国对员工的素质要求从三个层面出发：价值基础、个人能力以及专业技术。价值基础是国际组织人才标准的基础，决定了人才的各种知识和技能是否能够在工作中发挥积极作用；个人能力包括核心胜任力和管理胜任力，是胜任力模型中较为重要的部分，也是人才发挥其专业知识和技能的重要保障；专业技术有不同岗位和领域的具体要求，胜任力模型中没有详细列举人才需具备的具体专业技能，但这却是人才进入国际组织工作的敲门砖。从目前的国际治理岗位来看，主要缺乏 P3、P4 级员工，这部分职位对工作经验有着一定的要求，不可否认个人能力和经验丰富有着密切的关系，这类人在人才考核中较少。因此，目前联合国主要缺乏经验丰富的人才，尤其是在高层中，经验丰富十分重要。

《联合国胜任力报告》较为全面地描述了国际组织对人才的素质要求，为中国培养输送国际组织人才明确了方向。

（二）国际组织岗位空缺情况

国际组织的职位一般可以分为四类：一般人员（G 类）、业务人员（P 类）、司级人员（D 类）以及高级官员。其中，一般人员主要从事一般事务性工作（如行政助理），由国际组织所在地招聘，按职位等级由低到高分为七级（G1 - G7）。业务人员是国际组织的中坚力量，主要根据不同的项目开展工作，专业类型多样化，涉及的领域较广，职位等级按工作经验由低到高分为五级（P1 - P5），其中 P1、P2 级公开全球招聘。青年人才成为联合国业务人员最常规的方式是参加青年专业人员考试（YPP），一般将通过考试的本科生定级为 P1，硕士生定级为 P2。司级人员一般是国际组织内设部门的负责人，年龄一般要求在 50 岁以上，由竞聘和任命的形式产生，分为两级（D1、D2）。高级官员是国际组织专门机构的总负责人，一般由任命形式产生（赵源，2018）。

表 2　　　　　　　　P 职、D 职工作经验年限

	P1、P2 职	P3 职	P4 职	P5 职	D1 职	D2 职
工作经验	≥2 年	≥5 年	≥7 年	≥10 年	≥15 年	>15 年

2015 年 12 月，中国人力资源和社会保障部开通了国际组织人才信息服务平台，根据该平台提供的招聘信息，统计了 2017 年 12 月 1 日至 2018 年 7

月20日各国际组织岗位的空缺情况。在发布的319条招聘信息中,与国际治理相关的空缺岗位共有287个,包含28个D职岗位和240个P职岗位。不难发现,联合国及其专门机构对人才的需求较大,主要集中在P类,占比达到83.6%,尤其是联合国秘书处人员流动性较强,一般要求获得相关学科的硕士学位,职位级别越高,需要的工作经验越丰富。各类国际银行的空缺岗位较少,也更需要高层的管理人员。

表3　　　　　　　　　部分国际组织岗位空缺情况　　　　　　　　单位:个

国际组织	岗位空缺数	D职	P职
联合国秘书处	80	9	71
联合国环境规划署(UNEP)	30	3	27
联合国粮食及农业组织(FAO)	40	5	35
联合国各地办事处	22	1	21
世界贸易组织(WTO)	3	—	—
世界卫生组织(WHO)	5	1	4
世界银行(WB)	6	—	—
国际劳工组织(ILO)	6	—	—
联合国其他机构*	91	9	82
国际清算银行(BIS)	1	—	—
亚洲开发银行(ADB)	3	—	—

注:*联合国其他机构包括人居署、妇女署、全球契约组织、开发计划署、亚洲及太平洋经济社会委员会、国际贸易和发展会议、减少灾害风险办公室、人权高级专员办公室、公共信息部、国际农业发展基金、内部监督事务厅、监察员和调停员办公室、合办工作人员养恤基金、全面禁核试条约组织筹委会、欧洲经济委员会、西亚经济社会委员会、拉丁美洲和加勒比经济委员会、非洲经济委员会、儿童基金会、人口基金会、国际贸易中心、联合国大学等。

资料来源:国际组织人才信息服务平台,http://www.mohrss.gov.cn/SYrlzyhshbzb/rdzt/gjzzrcfw/gwkqxx/。

从国际治理相关的空缺岗位来看,联合国秘书处、联合国环境规划署(UNEP)及联合国粮食及农业组织(FAO)占比达到46%,尤其是联合国秘书处,占比达到28%。而秘书处的职责多种多样,包括关注环境保护问题、调停国际争端、调查各地区经济及社会趋势和问题、编写关于多种社会问题的研究报告等。秘书处工作人员还要使世界各地的媒体机构了解联合国的工作，召开相应的发布会和报告会；就全世界所关心的各种社会问题组织举办国际会议；监测联合国各机构所作决定的执行情况等，这些职能都与国际治理密切相关。

表 4　　　　　　　　联合国秘书处空缺 P、D 岗位情况

	P2 职	P3 职	P4 职	P5 职	D1 职	D2 职
职位数（个）	4	30	29	8	7	2
职位占比（%）	5	38	36	10	9	3

以联合国秘书处为例，在搜集的 80 条空缺岗位信息中，P2 级员工招聘信息只有 4 项，而 P3、P4 级员工招聘信息共有 59 项，占比达到 74%，说明国际组织对人才在具备专业技能的基础上有一定工作年限的要求。在联合国秘书处所设的各部门中，经济与社会事务部和管理事务部所空缺的岗位最多，其次是大会管理部门，共空缺 35 个岗位，包含了所有 P2 类岗位，表明所缺的人才主要涉及经济和管理类，并且新入职的员工在这些部门相对拥有更多工作机会。维和、安保以及外勤部门对员工的需求也有一定规模，岗位大多数为办公室职员、采购员以及办公室主任等。

二　国际治理人才培养的中国现状

（一）高校培养

中国在 20 世纪 60 年代初期成立了外交学院，北京大学、复旦大学、中国人民大学以及其他一流高校也相继开设了国际关系或国际政治相关专业，进入 21 世纪以来，有更多的院校开设了国际关系相关专业，也有许多高校成立了专门的国际治理人才培养班，致力于向国际组织培养输送人才。

表5　　　　中国部分高校与机构培养国际人才项目情况

	培养机构	项目名称	启动时间
授予学位项目	北京外国语大学联合国译员培训部	高级翻译班	1986（1994年结束）
	上海外国语大学	国际公务员实验班	2007
	对外经贸大学	国际组织人才基地实验班	2013
	四川外国语大学	国际组织人才教改实验班	2014
	上海财经大学	国际组织人才培养基地班	2016
	北京外国语大学	国际组织学院	2017
	广东外语外贸大学	国际治理创新班	2017
非授予学位项目	浙江大学	国际组织精英人才培养计划	2015
	中国人民大学	国际组织人才新星计划	2017
	清华大学	国际组织人才训练营	2017
	北京大学	国际组织人才培养暑期项目	2018
	上海外国语大学	"国际治理与全球城市建设"研究生暑期学校	2018
	南京大学	国际组织人才暑期训练营	2018

中国高校对于国际治理人才的培养方式主要分为外语和非外语两大类。对于外语类国际治理人才，学校主要以培养国际治理人才中的翻译人才为目标，主修通识课程、第一外语和第二外语课程。比如1979年北京外国语大学成立的"联合国译员训练部"和2011年开始举办的"探索国际组织需要的复合型人才培养模式"夏令营，上海外国语大学创办的"国际公务员实验班"等，都致力于为国际组织培养中文口译、笔译工作人员。对于非外语类人才培养较为突出的是各类外交学院以及政治学院，这类院校凭借自身政治学发展优势以及与国际组织更为密切和深层次的联系，对国际治理人才的培养更具战略性眼光。也有一些综合性大学逐渐开始培养经济类的国际治理人才，如广东外语外贸大学在2017年开设的"国际治理创新硕士研究生"项目，打破了学科与专业壁垒，注重国际治理人才的综合培养，采用校内学习一年、海外学习一年、国际组织实习半年的"1+1+1"培养模式，旨在通过与国际知名大学合作，创新

教学与实践相结合的培养方法，共同培养熟悉国际政治、外交、法律、经济和管理的综合型复合型高端专业人才①。

总的来看，中国高校对于国际治理人才的培养是一种"外语高校领头，其他院校并进"的形势。许多高校积极借鉴国外的培养经验并结合本校办学优势，在培养国际组织人才方面进行了有益探索，取得了一些成绩，也有许多高校的研究型职能越来越突出，从理论上为培养国际组织人才创造了有利条件。

（二）非高校培养

中国的非高校机构也为培养国际治理人才做了许多工作，自1995年协助联合国在华举办多次国家竞争考试（NCRE）以来，就陆续实施了许多为国际组织输送人才的教育政策。2013年，中国人力资源社会保障部与联合国首次在华举办了青年专业人员考试（YPP），该项目是联合国招聘工作人员的主要方式之一；2010年，《国家中长期教育改革和发展规划纲要（2010—2020）》提出要加强与联合国教科文组织等国际组织的合作，积极参与和推动国际组织教育政策、规则标准的研究和制定（国家中长期教育改革和发展规划纲要工作小组办公室，2010）；《教育部人才工作协调小组2013年工作要点》提出要积极培养和推荐教育系统优秀人才到相关国际组织任职工作（教育部办公厅，2013）；2014年，中国联合国教科文组织全国委员会与国家留学基金委员会合作，首次推出选拔优秀青年赴联合国教科文组织实习的项目；2016年，《关于加强国际科技组织人才培养与推送工作的意见》提出从国家层面制定鼓励科研人员参与国际组织任职和国际科技交流的激励机制（中国科协民政部，2016）；2017年发布了《国家留学基金资助全国普通高校学生到国际组织实习选派管理办法（试行）》，国家将资助获得实习岗位、到海外国际组织实习的学生②。

---

① 广东外语外贸大学国际治理创新研究院，http://sigi.gdufs.edu.cn/gywy/yqjj.htm。
② 国家留学网：《国家留学基金资助全国普通高校学生到国际组织实习选派管理办法（试行）》，2017年8月3日，http://www.csc.edu.cn/chuguo/s/971。

三 国际治理人才培养的域外经验

(一) 美国：课程安排合理，理论实践结合

美国高校是全世界最早设立公共政策（MPP）及公共管理（MPM）专业的国家之一，国际治理人才的培养相对其他国家发展较为成熟，美国很多高校都开设相关专业的硕士和博士学位，部分高校提供国际关系专业的本科教育。哈佛大学肯尼迪政治学院2017年共有538名毕业生，有近2/3在政府或非政府组织就业[1]，乔治华盛顿大学每年有超过一半毕业生进入国际组织工作[2]，其他如耶鲁大学、普林斯顿大学以及哥伦比亚大学国际关系专业的毕业生进入国际组织工作的比例也较高，说明美国培养国际治理人才的方法比较成熟，培养经验比较丰富，特点如下。

一是注重学生领导力的培养。美国许多高校认为领导力是可以培养的，认为成功的领导者是由于个人的领导特质（如个人智慧、主导支配能力、说话的语音、语调等）而对周围产生有效影响，这些特质可以是天赋异禀的，也可以是后天培养的。采用这种针对特质的教学方法，对有潜力的候选人进行甄别与筛选，然后对其领导特质进行适当的强化和完善（Stogdill，1948）。并且在一定程度上人为创造受训者的不同社会情境，培养受训者对周围情境的敏感性，比如通过工作坊的研讨对具体情境建立分析模型，进而展开模拟行动。

二是课程设置目标明确，注重评估，及时调整。从基础核心课程到讨论特定的某个国家或区域的意识形态、政治制度等课程，层层递进，最后指向培养在特定国家政府或地方机构、国际组织中具有全球

---

[1] 数据来源于 HARVARD Kennedy School：Planning a Course，Apr. 28, 2018, https：//www.hks.harvard.edu/more/about-us/leadership-administration/academic-deans-office/slate/teaching-resources/planning。

[2] 数据来源于 U. S. News & World Report LP. Graduate School Search, Oct. 10, 2017, https：//www.usnews.com/best-graduate-schools/top-education-schools。

视野和实践能力的专业政策人才（闫温乐、张民选，2016）。课程设置也是开放的，会让学生进行评估，检验理论基础课程的设计能否达成目标、课程所运用的案例是否符合现实情景中的问题解决、校友走上工作岗位后能否运用所学发挥工作实效，进而有依据地对课程不断调整、改进。

三是教学团队知行合一。美国许多高校国际关系学和公共管理学的教授不仅学识渊博，而且有在政府部门、国际组织的工作经历，深知国际组织的运作，实践经验丰富，他们不但在教学上具有先进性，还能够为学生进入国际组织工作提供职业咨询。教授们掌握着世界发展的第一手信息，在理论研究之余仍不懈地活跃在国际治理领域的前沿，他们以高超的专业性、强烈的社会使命感，成为学生的鲜活榜样（徐梦杰、张民选，2018）。当这些毕业生投身国际组织并成为高层次人才后，美国及其大学在国际舞台上的影响力也会随之不断提升。

（二）瑞士：政府大力支持，地缘优势强大

20世纪以来，瑞士一直与国际组织保持着良好的关系，不仅日内瓦是世界各国际机构云集的国际化城市，而且越来越多的瑞士公民也在国际组织中担任各类职位。瑞士从不同层面、不同渠道协助国民到国际组织就业，从政府到民间都有计划、有目的地搭建输送本国公民到国际组织就业的网络。

首先，瑞士政府大力支持公民进入国际组织工作的政策方针非常明确。瑞士政府会为瑞士公民进入国际组织工作提供最大支持，促进瑞士公民在国际组织中占据尽可能高的职位，也会保障瑞士公民在国际组织决策机构拥有尽可能多的人数。瑞士联邦外交部（FDFA）会通过有明确指向性的活动帮助瑞士候选人在国际组织机构中赢得选举，获得政治职位，从而在国际组织的最高管理机构占据一席之位（闫温乐、张民选，2015）。瑞士政府还会采取一定策略帮助公民争取国际组织的基层职位，比如为联合国志愿者实习项目（UNV）建立专项财政，以资助大学毕业

生到国际组织志愿者项目实习。

其次,瑞士能够发挥驻地比较优势,吸引大量国际组织落户并签署就业协议。国际组织总部及办公室驻地的选址对于城市的发展至关重要,会促成国际组织与世界城市之间的良性互动。为了帮助瑞士公民在国际组织就职,瑞士联邦政府与许多国际组织签订了《总部协议》《特权豁免协议》《税收协议》等,为这些国际组织提供包括建筑、住房、医疗、保险在内的各种优惠条件,这些签署协议的国际组织也要根据协定实现提供岗位的承诺,从而使得国际组织向瑞士提供的直接和间接就业岗位大大增加(郦莉,2018)。

最后,瑞士政府也授权给民间的就业服务机构提供国际组织就业指导服务。瑞士通过发展与合作机构(SDC)和民间机构"信息中心"(Cinfo)的合作,为瑞士公民向国际组织求职提供求职指南、经验分享、简历指导以及面试培训等专业、具体的服务,并且可以帮助申请者与国际组织人员建立起非正式的联系。

这种利用地缘优势,充分发挥驻地比较优势,并且由国家政策指导大方向,由专业机构提供职业咨询服务的"瑞士模式"成功地为瑞士公民进入国际组织工作开辟了路径,已经十分成熟,是其他国家学习效仿的典范。

(三)印度:强化高等教育,发挥语言优势

近年来,印度人才在国际组织中获得重用的趋势愈加显现。如1990年钦马亚·拉贾尼纳特·加雷汗担任联合国经济与社会理事会会长,2016年潘笛安担任亚洲基础设施投资银行副行长等。除此之外,印度籍职员在联合国任职员工中比例高达1.54%,高于中国职员1.29%,可见印度在国际治理人才培养方面十分重视。

国际治理人才的培养离不开高等教育。印度很早以前就十分重视国际化高等教育,英属殖民地时期,英国政府在加尔各答、孟买和马德拉斯三个城市建立了大学,为印度高等教育的发展奠定了基础,此后印度高等教育的发展方式就多以英国高校为蓝本。独立后的印度,将高等教

育发展提升到了战略性地位，积极同其他国家进行交流合作，并且赋予高校更多自主权，实施了一系列青年工程帮助印度青年走向世界舞台。印度政府还建立起了一套完整的法律体系，为高等教育国际化的发展提供了良好的环境保障。如1945年成立印度大学拨款委员会专门为公立大学和学院提供资金，实施双边交流项目，促进了国际学生的自由流动。更重要的是，在国际组织工作的职员必须具备语言能力。如在联合国，虽然汉语是其六门工作语言之一，但职员交流时汉语使用率不高，尤其是在海外工作，职员更多倾向于使用英语或法语，而英语作为印度的官方语言则为印度人才加分不少，这也是越来越多的印度人才能够进入国际组织工作的一大原因。

四　中国国际治理人才培养存在的问题及建议

（一）存在的问题

由于中国对于国际治理人才培养起步较晚，人才培养战略的实施效果与中国参与国际治理所需的人才目标还有一定差距，中国的国际治理人才培养还面临很多挑战。

1. 人才培养总量不足，结构不合理

作为全球第二大经济体，中国积极参与国际治理和推动国际治理体系变革。以联合国为例，中国目前已成为第三大会费国，然而如表6所示，截至2017年12月31日，中国在联合国内员工只有492人，占比1.29%，而美国共有2503人，占比高达6.57%，印度在联合国贡献的经费占比不足1%，但任职人数达到586人。在人员任用类型方面，中国的长期任用人数较高，但定期任用人员只占任用人数的34.55%，与总体水平差距较大，临时任用人数也超过总体水平和其他国家，并且中国籍员工多为服务性人员，如翻译员、打字员以及实习工作人员，这与中国的大国地位和综合国力不相称，反映出中国国际治理人才总量不足，任用类型结构不合理的问题。

表6　　　各国在联合国的经费贡献和人员任职情况（2017年）

国家	经费贡献比例（%）	任职人数	任职人数占比（%）	长期任用 人数	长期任用 占比（%）	定期任用 人数	定期任用 占比（%）	临时任用 人数	临时任用 占比（%）
美国	22.00	2503	6.57	1009	40.31	1178	47.06	316	12.62
瑞士	1.14	332	0.87	126	37.95	157	47.29	49	14.76
法国	4.86	1462	3.84	594	40.63	643	43.98	225	15.39
俄罗斯	3.09	537	1.41	267	49.72	179	33.33	91	16.95
中国	7.92	492	1.29	239	48.58	170	34.55	83	16.87
日本	9.68	269	0.71	130	48.33	119	44.24	20	7.43
韩国	2.04	137	0.36	50	36.50	76	55.47	11	8.03
印度	0.74	586	1.54	213	36.35	335	57.17	38	6.48
总体	100	38105	100	9733	25.54	25502	66.93	2870	7.53

资料来源："联合国第73届会议秘书处的组成：工作人员数据统计"，https://digitallibrary.un.org/record/1627944/files/A_73_79-EN.pdf。

2. 人才培养方式单一

中国高校十分注重人才的专业技能培养，但国际组织对国际治理人才的要求高且特殊，不是一蹴而就的，特别注重对于可迁移能力的培养，如组织、计划、决策以及跨文化交流等一系列的综合能力素质，更重要的是国际治理人才必须具有国际视野和国际工作经验。这些不是单单依靠高校开设课程能完成，而需要国家、家庭甚至整个社会共同参与，以一种创新的教育理念，完善培养机制，从选拔、教育、实习锻炼等一系列过程入手，多形式多部门协同合作，共同参与学生培养工作，来满足国际组织对人才的需求。

3. 对国际组织的运作方式缺乏了解

中国目前对国际组织人才标准、组织运作模式等缺乏足够的了解，对该方面的研究多为近几年的成果，在学术层面的研究不够深入。相关部门对国际组织的发展布局了解不够充分，高校在一定程度上无法紧跟国际组织发展局势设置人才培养目标，师资缺乏国际工作经验，对国际组织运作缺乏认知，不能针对性的授课。从社会层面来说，中国的家庭教育往往忽视孩子的国际视野培养，不能准确地将孩子往国际治理方向引导，学生通常到本科甚至硕士阶段才开始了解国际组织运作方式和用人才标准。

4. 欠缺对国际治理人才实践能力的培养

中国学生学习刻苦，但普遍缺乏实习和实践经历，在思想上参与社会无私做贡献的意识不强，相比美国、日本等国家的同龄学生从小做社工、志愿者及实习生，中国学生几乎是空白，甚至出现中国推荐的人才因缺乏实践经验而多次落选的情况。不参与社会实践可能导致中国学生没有同龄他国学生思想成熟，处理问题的能力差，不能胜任国际组织对实践能力的要求，希望在人才培养上引起重视。

5. 学生缺乏主动学习意识

中国的基础教育甚至高等教育都是以课堂教学为主，学生往往被动的进行学习和完成任务，自身缺乏学习、实践和创新的主动意识。而国际治理人才需要具备的重要素质之一就是有全球视野，有担当、积极进取。培养国际治理人才，学生是主角，只有学生积极地参与到实践工作中，领会国际治理的真正含义，才能使国际治理人才培养落到实处。

（二）对策与建议

1. 建立人才培养三大机制，保障人才输送数量质量

（1）建立人才培养资助机制

国际治理人才需要宽广的视野以及丰富的经验，这对于中国学生来说是不小的挑战，许多有志青年即使十分优秀，却由于缺乏国际经验和相应的语言能力而被国际组织拒之门外。国家对于这些人才需要建立一定的资助机制，借鉴日本培养经验，从基础教育开始有意识的培养学生的国际视野，建立相关基金，积极出资培养针对不同国际组织的人才，进行国内学习与海外联合培养，提升学生自身的竞争能力和语言优势，有利于确保一定数量的人才从事国际治理相关工作。

（2）建立人才培养推送机制

国际治理人才的输送需要国家的大力支持，建议出台相关政策，从国家层面出发，建立畅通的人才推送渠道。对于符合国际组织人才标准的优秀青年，由国家适当出面，帮助其顺利进入国际组织工作，并在国际组织中占据重要职位，这种由国家政策指导国际治理人才培养大方向的策略十分重要。也可以建立权威的就业咨询机构，帮助优秀青年建立与国际组织之间的联系，为他们进入国际组织工作做充分周详的准备。

（3）建立人才培养激励机制

包括制定国际治理人才福利、住房、保险、回国后的安置以及特别人才的奖励等的系统性安排。许多青年对于在国际组织就业存在一定顾虑，尤其是在文化差异很大的国家地区就职会使得人才缺少归属感与保障感。国家应该给予进入国际组织工作的优秀人才一定的奖励，以此鼓励青年到国际组织就职，并设置系统性的奖励制度，根据不同贡献给予不同奖励，有助于提升中国国际治理人才的质量。

2. 建立人才培养系统体系，丰富人才培养方式方法

（1）创新国际治理人才培养标准课程

培养国际治理人才需要一套标准课程，涵盖基础素质和专业技能两个方面，并且加强同国际治理人才培养发达国家的交流与学习，通过相互跨院系、跨学科的合作，形成内外综合联动性的培养方式，比如中外联合开设国际治理硕、博士点，从理论上研究国际治理人才培养的必要性与可行性，培养高质量的国际治理人才。此外，应该借助先进的信息化网络技术，实现学习资源共享，形成国际化学习的氛围，让学生能够借助网络获得更多的学习资源以及科研成果，通过自主学习的形式提高自身综合能力。学校也可以为学生提供一个优秀的第二课堂，培养国际治理人才的兴趣与爱好，帮助学生激发主动学习、深入思考的意识，挖掘自身的潜力，使其发展方向更宽广。

（2）提升国际治理人才实践能力标准

在设置国际治理人才标准课程的同时，应加强人才实践能力的培养，积极推动促进国际治理人才实践项目的实施。如加快推进实施青年专业

人员项目（JPO 项目），促进人才进入国际组织实习，获得工作经验；利用本国召开的国际型会议或论坛，为人才提供社会实践的锻炼机会；对于有一定专业基础和工作经验的人才，鼓励参与 YPP 招聘考试；积极与联合国合作，提供相应的咨询、指导和培训等服务；还可以从家庭教育的角度出发，鼓励孩子从小培养服务社会的意识以及主动公民意识，多参与社会实践工作，锻炼社会实践能力。在提高了人才社会活动能力的同时，让其能够更好地把专业理论知识转变为技术能力，从而激发人才的创新意识。

(3) 加强国际治理人才的师资力量建设

师资是国际治理的关键因素，和发达国家相比，我们严重缺乏有国际组织工作经历的教师。培养国际治理人才更应该从加强师资力量入手，引进具有国际组织工作经验、熟悉国际组织运作的教师进行授课及教学管理，从国内选拔相关专业教师外派出国培训及去国际组织跟岗工作，通过既有先进理论又有丰富经验的教师亲身讲授，将国际治理理念和知识准确传达给学生，并且能进一步为学生提供有效的职业发展规划。

(4) 积极推动国际治理体系变革

将国际化理念融合进国际治理人才的培养中是非常重要的，建议一方面结合国际组织人才选拔标准，从切实提高中国话语权的角度出发，转变和创新教育理念与模式，让中国国际治理人才在视野上具有广度与深度，而不是把眼光仅仅局限于国内竞争市场，从而提高中国国际治理人才的核心竞争力。另一方面积极进行战略谋划，建立新型国际组织，签订就业协议，形成驻地比较优势，推动国际治理体系变革，也将有益于中国国际治理人才的培养和输送。

参考文献

[1] 李湛军：《恐怖主义与国际治理》，中国经济出版社 2006 年版。
[2] 郦莉：《国际组织人才培养的国际经验及中国的培养机制》，《比较教育研究》2018 年第 4 期。

[3] 滕珺、曲梅:《联合国胜任力模型分析及其启示》,《中国教育学刊》2013年第3期。

[4] 滕珺等:《国际组织需要什么样的人?——联合国专门机构专业人才聘用标准研究》,《比较教育研究》2014年第10期。

[5] 徐梦杰、张民选:《美国大学国际组织高层次人才培养研究——以哈佛大学肯尼迪政府学院为例》,《比较教育研究》2018年第5期。

[6] 闫温乐、张民选:《美国高校国际组织人才培养经验及启示——以美国10所大学国际关系专业硕士课程为例》,《比较教育研究》2016年第10期。

[7] 闫温乐、张民选:《向国际组织输送人才——来自瑞士的经验与启示》,《比较教育研究》2015年第8期。

[8] 赵源:《国际公务员胜任素质研究——以联合国业务人员和司级人员为例》,《中国行政管理》2018年第2期。

[9] 国家中长期教育改革和发展规划纲要工作小组办公室:《国家中长期教育改革和发展规划纲要(2010—2020年)》,《人民日报》2010年3月1日。

[10] 教育部办公厅:《教育部人才工作协调小组2013年工作要点》,2013年3月5日,http://www.moe.edu.cn/publicfiles/business/htmlfiles/moe/s8132/201406/169959.html。

[11] 中国科协民政部:《关于加强国际科技组织人才培养与推送工作的意见》,2016年5月24日,http://www.gov.cn/xinwen/2016-05/24/content_5076210.htm。

[12] Ralph M. Stogdill, "Personal Factors Associated with Leadership: A Survey of the Literature", *The Journal of Psychology*, 72(1), 1948, 35-71.

[13] United Nations: Competencies for the Future, Dec. 20, 2012, https://www.careers.un.org/lbw/attachments/competencies-booklet-en.pdf.

AStudy on the International Governance Talents Training in China

LI Nan ZHANG Airong

Abstract: Along with China's improvement of national strength and international influence, global talents training is getting more and more attention in order to provide strong talents support for better participating in international governance. This paper reviews three talent training modes of the United States, Switzerland and India, analyzing major challenges China is facing, suggestions are made to better talents development.

Keywords: International Governance; Talents Training; International Organizations; Competencies

德国遗产税制设计及对中国开征遗产税的启示[*]

李 琼 陈晓雯[①]

摘 要：世界上已有100多个国家开征遗产税，遗产税在实现代际公平、减缓财富集中趋势等方面具有特殊作用。本文通过对德国遗产税制的分析，并将其部分税制要素与日本和韩国进行比较，参考其中值得借鉴的经验，论述了现阶段中国开征遗产税需解决的一些问题，如公众对遗产税认同感不够，相关的法律法规制度、评估体系不健全，相关税制要素的设计仍需进一步考虑，征税成本较高，容易造成资本外流等。本文对这些问题进行了较为详尽的分析，并提出了对应的政策建议。

关键词：遗产税；收入分配；分遗产税制

一 引言

随着经济社会转型，我国收入分配格局发生了重大变化，基尼系数从改革开放初期的0.2增加至2016年的0.465。法国经济学家皮凯蒂

---

[*] 本文得到中南财经政法大学中央高校基本科研业务费专项资金资助（2722019PY024）。

[①] 李琼，中南财经政法大学财政税务学院讲师、经济学博士；陈晓雯，中南财经政法大学财政税务学院本科生。

在《21世纪资本论》中指出，中国目前已经开始财富积累的过程，财富不平等现象加剧。① 作为促进代际公平、缓解财富集中的遗产税，近几年逐步成为决策者和学界讨论的热点。2016年，中国人民大学国家发展与战略研究院发布研究报告称："十三五"期间，收入结构调整应成为财政体制改革的重中之重，为完善收入分配，必须设立遗产税和赠与税。② 中国社会科学院发布的2017年《经济蓝皮书》也提出了尽快实施房地产税和遗产税的建议："随着房价的上涨，社会财富快速聚集到少数富人手中，使得居民收入分配差距进一步拉大，从而容易激化社会矛盾，影响社会和谐。"这说明，目前中国整体税制安排不够合理，导致居民收入分配不均的情况难以改善，在此背景下，开征遗产税的呼声越来越高。

遗产税制度由来已久，近代遗产税始于1598年的荷兰，各国多为筹集战争经费而开征遗产税，战后则停征。20世纪以后，遗产税渐渐成为一个固定的税种，与之前相比，现代遗产税更多用于调节社会成员财富分配，取得财政收入的作用则极大地减弱。目前世界大多数国家和地区都征收遗产税，只是征收名目各有不同，如继承税、死亡税、嗣继税等（石坚、韩霖，2005）。

1912年，北洋政府建立之初，中国就开始酝酿遗产税，然而时局动荡，直至国民政府于1939年公布《遗产税暂行条例实施条例》，③ 遗产税才终于正式开征。④ 到1949年，遗产税征收时间只有短短9年（齐海鹏、李娟，2015）。

新中国成立至今，中国都未正式开征遗产税。《国务院办公厅关于

---

① 参见"专访皮凯蒂：中国国企能限制财富的不平等"，http://www.guancha.cn/PiKai-Di/2014_06_12_236992.shtml。
② 2016年12月4日，中国人民大学国家发展与战略研究院发布《央地关系大逆转——国家治理能力提升的关键步骤》研究报告，http://nads.ruc.edu.cn/displaynews.php?id=4234。
③ 该条例于1940年7月1日开始施行。
④ 原广西大学校长马君武先生逝世后，其子马保之主动到广西直接税办事处桂林区分处申报缴纳遗产税，是中国遗产税的第一位纳税人，参见《中央日报》1940年8月26日。

深化收入分配制度改革重点工作分工的通知》（国办函〔2013〕36号）中提及要研究在适当时期开征遗产税问题，遗产税再次列入议事日程。其后诸多媒体所报道的"80万起征点"的传闻，更将舆情推制高点。这种说法或来源于中国多年前拟定的《遗产税法（草案）》[①]等文件，其内容早已过时，不具有操作性。改革开放以来，中国经济实现快速增长，但随之显现的城乡收入差距过大、区域收入差距过大、行业间收入差距过大等问题日益突显，不利于经济长期发展，同时对社会稳定发展形成了隐患。在此背景下，借鉴他国先进经验，参考其他国家遗产税制设计中的先进部分，为中国遗产税的设计提供经验参考，具有重要的现实意义。

二 德国的遗产税税制设计

在目前开征遗产税的国家中，按其课征制度划分，大体可分为总遗产税制[②]、分遗产税制[③]、混合遗产税制[④]。征收遗产税的绝大多数国家同时征收赠与税，[⑤] 赠与税作为遗产税的辅助税种，相应地也有总赠与税制和分赠与税制两种模式（石坚、韩霖，2005；崔景华，2007）。从遗产税类型来看，实行分遗产税制的国家多于实行总遗产税制和混合遗产税制的国家，[⑥] 原因或在于分遗产税制更能体现量能负担原则，公平性较好，但其对税收征管水平的要求较高。目前日本、德国、法国、韩国、荷兰、波兰、奥地利、比利时等多个国家和地区实行分遗产税制。

[①] 1945年，国民政府在遗产税暂行条例的基础上拟定了《遗产税法（草案）》，完成立法程序后，于1946年公布施行《遗产税法》，与原来相比，遗产税基本免税额由10万元提高至100万元。

[②] 总遗产税制是指对被继承人去世以后遗留的全部遗产征收遗产税的制度。

[③] 分遗产税制是指被继承人去世后，先将其遗产分配给各个继承人，然后就各个继承人所分得的遗产分别征收遗产税的制度。

[④] 混合遗产税制也称为总分遗产税制，是指先对被继承人的遗产征收总遗产税，再对继承人所继承的遗产征收分遗产税或者继承税的遗产税制度。

[⑤] 也有例外情况，如英国与冰岛只课征遗产税，不课征赠与税。

[⑥] 目前美国、英国、韩国、瑞典、丹麦等国家和地区实行总遗产税制。

在实行分遗产税制的国家和地区中，德国开征时间较长，税制设计较有代表性（财政部《税收制度国际比较》课题组，2004）。因此，本文主要研究德国遗产税税制。

（一）德国遗产税历史渊源

1622年，德国的杜拉赫①开始征收遗产税，其后汉堡、罗斯托克、勃兰登堡州也陆续于1624年、1669年，1685年开征遗产税（张巍，2014）。整体来说，17世纪的德国遗产税，由于其地域覆盖范围较窄，税收收入较低，意义不是很大。

18世纪图宾根②开征遗产税，之后其他贵族领地纷纷效仿。由于当时社会生产力较低，政府无力承担对全部国民的社保责任，监狱、孤儿院、养老院、精神病院等社会设施就成了和平时期耗费人力、财力最大的工程，因此这个时期的德国遗产税常与此类工程连接在一起。

19世纪，遗产税的争议变小，开征地区不断增加。1873年，普鲁士引入了技术上最新的继承税法，成为当时各邦典范；1894年汉堡对遗产继承人实行延期纳税制度；巴登③在1899年引进了按庄园规模进行征税的制度④。建造孤儿院、监狱，精神病院及救济穷人仍为主要开征理由。

全德基本有效的遗产税法于1906年现世（刘佐、石坚，2003）。1919年，安茨伯格改革⑤建立了全德统一的遗产税法，与1906年只对继承人征税的规定相比，当时采用混合的去世者税和继承人税。

德国现实行分遗产税制，由联邦政府立法，各州政府征收管理，其税收归属权也由各州政府享有（朱秋霞，2005）。

---

① 杜拉赫，为当时南德巴登州的一个伯爵领地。
② 图宾根，也是当时德国的一个贵族领地。
③ 巴登，位于德国西南部的施瓦本，为今天巴登—符腾堡州的一部分。
④ 德国联邦财政部网站，http://www.bundesfinanzministerium.de/Web/EN/Home/home.html。
⑤ 1919年，德国十一月革命的失败促成了魏玛共和国的建立，魏玛宪法确立了"社会化"和国家干预经济的原则，整个法律体系都发生了变化。

可以看到，与近代遗产税相比，现代遗产税的开征理由从侧重于财政收入层面，如筹集军费、完善社会保障设施等过渡到了减缓财富集中趋势，调节社会成员财富分配方面，逐步成为一个固定的税种，体现出一个税种的最初出现，是为适应一国的财政经济，社会发展需要，其后随着客观环境的变化而逐步调整、改进，得以存续或最终消亡。

（二）德国遗产税税制设计概况

1. 选择分遗产税模式

德国现实行分遗产税制。分遗产税制在税率设计上考虑了继承人与被继承人的亲疏关系，同时考虑了继承人的税收负担能力，体现了税收的量能负担原则。缺点在于，分遗产税制对财产申报、登记、评估制度的完备性要求较高，开征之初容易出现偷逃税现象。

2. 遗产税与赠与税并行征收

与大多数国家相同，德国分别设立了遗产税和赠与税，两税并行征收，赠与税作为遗产税的辅助税种，可有效防止纳税人通过生前以赠与行为转移财产规避遗产税税负，一般情况下两税适用相同的税率表。相比之下，美国对于遗产税和赠与税的关系处理则比较特别，两税实行交叉征收。对被继承人生前的赠与财产征收赠与税，被继承人去世后，将其生前的赠与财产并入遗产中征收遗产税，此时准许扣除之前已缴的赠与税额。这种做法同样可以防止纳税人的规避行为，但不足之处在于征管难度大，因此对中国的借鉴意义较小。

3. 同时奉行居民管辖权与地域管辖权

依据德国《遗产和赠与税法》（*Inheritance and Gift Tax Law*，ErbStg，以下简称《遗赠税法》）第 2 节，遗产税的纳税人是因继承而获得财产的人，赠与税的纳税人是因赠与而获得财产的被赠与人。每个继承人或受赠者就其所分得的遗产或赠与物的份额分别纳税。对于赠与税，受赠者和捐赠人共同承担纳税责任。被继承人死亡时，如果去世者或继承人是德国居民,[①] 就其在德国境内外获得的全部遗产征税。赠与发生时,如果捐赠者或受赠者是德国居民,赠与物应纳税。如果被继承人(捐赠者)与继承人(受赠者)在被继承人死亡或做出赠与时都不是德国居民,遗产税或赠与税仅对部分德国境内财产征收。[②] 一般来说,课税基础是遗产及赠与物的公允价值,[③] 需与《德国资产评估法》衔接。[④]

各国的遗产税制度一般兼用属人原则与属地原则,[⑤] 德国遗产税制度同时奉行居民管辖权与地域管辖权,符合国际通行做法。依据纳税人义务范围不同,德国《个人所得税法》将纳税人分为无限纳税义务人和有限纳税义务人。德国遗产税同时奉行居民管辖权与地域管辖权,与个人所得税规定相同,便于与个人所得税税制衔接。与只行使地域管辖权相比,两种税收管辖权并行,还可防止居民为避税而进行财产跨国转移。

4. 设置扣除项目及税收优惠

德国《遗赠税法》规定了以下几类扣除项目和减免税优惠(见表1)。可以看出,德国遗产税设置扣除和减免项目的特殊之处在于以下几点。

(1) 针对企业设置了扣除项目。根据《胡润百富》的统计,在全球最古老的100个家族企业中,德国占了13个。另据德国经济研究所的最

---

① 居民,指在德国境内拥有永久住所或者习惯住所的个人,经营管理地点或合法场所在德国境内的公司、合伙企业、政治团体等。从德国国家政府基金中领取酬金的德国侨民及亲属,在国外工作的德国公务员也属于德国居民。

② 据《遗产和赠与税法》第10节,若被继承人(捐赠者)与继承人(受赠者)在被继承人死亡或做出赠与时都不是德国居民,遗产税或赠与税仅对以下德国境内财产征收:农业和林业财产;土地及建筑物;常设机构的企业财产或德国永久性代理人使用的企业财产;如果非居民股东单独或与有关人员一起直接或间接享有至少10%的权益,则其在居民公司中的股份;在德国注册的专利等权益;出租给位于德国的公司的商业财产;由德国不动产(包括德国注册船舶)担保的抵押财产和债权契据;在德国居住的隐名合伙人从交易或业务中获得的权利以及债务人是居民个人、合伙或公司的情况下,隐名合伙人从参与贷款中获得的权利;任何上述财产的使用权。

③ 参见《遗产和赠与税法》第12节内容。

④ 相关内容可参见《德国资产评估法》第1—16条。

⑤ 也有例外情况,如英国与俄罗斯,二者同采用属地原则,仅对被继承人在本国境内或者来源于本国境内的遗产征税。

新调查数据,德国具有 100 年以上历史的家族企业达到数千家,200 年以上的也有近千家。① 家族企业在德国能够如此蓬勃的发展,离不开德国特有的遗产税制的影响。遗产税会增加家族企业代际更迭时的税负,而德国针对企业设置的税收优惠能够有筛选性地缓冲代际更迭问题。丹麦 2015 年 2 月实行的遗产税改革新增了 15% 的遗产税,2.3 万个丹麦家族企业将面临代际更迭问题,3 万个就业岗位或将受到影响,企业扣除的设计一定程度上能够避免此类情况的发生,德国遗产税对于家族企业的传承,基业长青起到了正面的作用。

(2) 设置了一些其他国家没有的特殊项目,如 30 天生活费扣除及感激扣除。前者可避免在遗产发生转移时非遗产继承人骤然失去生活来源的情形,后者一定程度上有助于促进居民间互帮互助,形成良好的邻里氛围。但与德国相比,同样实行分遗产税制的韩国设置了更多的特殊项目,如务农扣除、渔夫扣除、住房扣除等,这有利于扶持农、林、渔、牧等弱势产业的发展,缓解居民住房压力问题。

表1 1940 年 8 月 26 日德国遗产税的扣除项目和减免税优惠

类别	税制设计
基本免征额	依据受益人与被继承人关系的亲近程度的不同,每个受益人被授予如下基本免征额②:若继承人/受赠者为配偶及民事伴侣,则免征额为 500000 欧元;若继承人/受赠者为子女及继子,则免征额为 400000 欧元;若继承人/受赠者为孙辈子女,则免征额为 200000 欧元;若继承人/受赠者为类别 I 的其他受益人(见表3),则免征额为 100000 欧元;若继承人/受赠者为类别 II 的受益人,则免征额为 20000 欧元;若继承人/受赠者为类别 III 的受益人,则免征额为 20000 欧元③

---

① 参见李稻葵、[德] 罗兰·贝格编著《中国经济的未来之路——德国模式的中国借鉴》,中国友谊出版公司 2015 年版,第 230—231 页。

② 2009 年 1 月 1 日起施行,参见《遗产和赠与税法》第 16 和第 17 节。

③ 参见 IBFD 税务研究平台, https://online.ibfd.org/kbase/#topic = doc&url = /collections/gthb/html/gthb_de_s_005.html&WT.z_nav = Navigation。

续表

类别	税制设计
特殊免征额	未亡配偶或民事伴侣以及 27 岁以下的子女可享受特殊免征额。这类免征额仅适用于因被继承人死亡而收到的收益,并且其数额随受益者获得的所有免税抚恤金而相应降低。与基本免征额的数额相匹配,未亡配偶或民事伴侣的特殊免征额较高
必要费用	与大多数国家一致,在必要费用扣除方面,德国遗赠税法规定继承费用①、去世者生前形成的债务②、继承人按遗嘱必须给予第三方的赠与物、赠与有附加条件时,受赠者必须给予他人的财物或必须履行的义务予以扣除
配偶扣除	配偶间家庭用品及衣物遗产不超过 4.1 万欧元免税;其他移动物品不超过 1.2 万欧元免税;若个人向配偶或民事伴侣捐赠了自己的房屋,则无须缴纳赠与税③
老年人扣除	若赠与人给予其由于身体或精神残疾而没有继承能力的父母、养父母,继父母或祖父母赠与,受赠者财产加上获得的赠与,不超过 4.1 万欧元,此赠与免税
文物文化资产扣除	艺术品、科学收藏、图书馆和珍贵档案 60% 免税;有文化价值的庄园房产,免征 85% 的税款④
房产扣除	出租用于居住的房产,仅按其房产估价的 10% 征税⑤
免税财产扣除	用于宗教、慈善、教育的赠与以及给政党及各级政府的赠与免税
企业扣除	在 2007 年的税制改革方案中,虑及中小企业发展问题,免除了个人在继承家族事业时应交纳的相关遗产税。对于从 2016 年 7 月 1 日起发生的遗产或赠与物的德国经营性房地产企业,若满足以下条件,其 85% 的营业资产不包括在税基中:该企业在未来 5 年内继续持有其资产;大多数职位在继承后的 5 年内维持,即后续 5 年的薪金不低于继承年份的薪金总额的 400%;不属于被动资产商业资产。如果企业在这 5 年结束之前停业或出售,或者工资总额低于

① 继承费用指用于安葬、墓碑及墓地管理的费用。对继承费用,继承人可以不需凭证一次扣除 10300 欧元,但这只能对整个遗产转移扣除一次,不论有几个继承人。
② 企业债务在计算企业盈利时已经扣除,不可再扣。
③ 这项豁免包括一套独立或半独立式住宅、一套租用的住宅、商业或混合使用的房产或业主自用住宅。
④ 如果保存其对社会有意义,一定程度上对社会研究专业人员开放,且其每年维护费用超过其收入的庄园房产。
⑤ 这里指不属于企业资产的房产。

续表

类别	税制设计
企业扣除	规定的门槛，则按照比例批准豁免。在出售全部或部分企业的情况下，如果资本收益在6个月内在某些情况下再投资，则可以保留豁免。如有下列情况，继承人可酌情申请完全免除遗产税：未来7年企业持续经营；其后7年的薪金总额不低于继承年份的薪金总额的700%；被动资产的价值不超过企业总资产值的20%。 自2016年7月1日起，对于6至10名员工的公司，其后5年的总薪酬不低于继承年度总薪酬的250%，适用85%的豁免条件，不低于500%总薪酬，符合100%的豁免条件。相应地，对于11—15名员工的公司，薪酬比例分别为300%和565%。上述薪酬标准不适用于5人或5人以下的企业
国外已纳税款抵免	已纳外国税款，如果类似于德国遗产税和赠与税，可以按比例抵减德国遗产税或应付的赠与税，但抵减额不得超过德国税额。如果去世者或捐赠者是德国居民，税收抵免只适用于与非居民承担德国遗产或赠与税的资产相对应的外国资产的外国遗产和赠与税。如果去世者或捐赠者是非居民，则对所有外国资产征收的外国遗产和赠与税可获得税收抵免①
特殊情形及一般赠与	德国遗赠税法对一些特殊情形及一般赠与做出了免税规定，如德国民法规定的30天生活费免税②；去世者生前受到无偿或半无偿家务照顾，去世者为表感激给予的钱免税③；企业成立纪念日的赠与物免税

资料来源：作者整理。

与之相应的，德国《遗赠税法》也规定了不得扣除的项目，这包括遗产税本身不能从遗产中扣除，在被继承人去世日到遗产最后分到

---

① 德国遗产和赠与税纳税义务在国外遗产和赠与税纳税义务发生5年后发生，才适用上述税收抵免。

② 德国《民法》第1969条规定，继承人必须对在被继承人家里生活的家庭成员提供30天像继承前一样的生活费和继续使用原住房家庭用品的义务。

③ 以2万欧元为上限。

继承人手上期间，如果遗产出现了贬值，这部分贬值额也不可以税前扣除。

参考德国税法，中国也应设置相应的扣除项目以达到对继承者所增加的净资产征税的目的，其中继承费用不需凭证一次扣除的具体数额需考虑不同地区墓地价格水平和丧葬风俗习惯的不同。

关于税收优惠的设置，不同时期有相应的变化。比如配偶间遗产是否征税的问题，1906年德国《遗产税法》规定配偶之间不征税，但同时给各州对此征税的选择权。1922年规定如果配偶间年龄差距不超过20岁，婚姻持续超过5年，配偶间不征遗产税。演变至目前配偶间遗产税部分免税。这对中国有一定参照意义，因为如果配偶间遗产完全免税，可能会出现纳税人行为的扭曲现象。同时为避免因企业家去世影响企业存续，德国对企业资产的税收优惠政策同样值得中国参考。除此之外，对于具有一般社会意义的财产，也应给予适当减免税优惠，如对公众开放的艺术品、公益性捐赠财产等。

5. 采取超额累进税率

目前大多数开征遗产税的国家采用超额累进税率，这有利于实现收入再分配的目标。少数国家如英国、爱尔兰和丹麦采用单一比例税率。还有少数国家兼用两种税率，如美国总遗产税以超额累进税率征收，隔代遗产税则以比例税率征收。

德国遗产税采取超额累进税率形式，将受益人按其与被继承人或捐赠者的亲疏关系分为三类，按所分得遗产或赠与物的价值确定税率（见表2）。在大多数情况下，遗产和赠与物依据相同的七级超额累进税率表（《遗赠税法》第19节，见表3），以相同的方式处理。汇总过去10年内从同一捐赠人收到的所有赠与物，得出适用税率。之前已缴纳的税款可抵减在总赠与物基础上计算的税款。这种累聚也适用于受赠者在捐赠人死亡后获得遗产的情况。

表2　　　　　　　　　　　继承人或受赠者类别

	继承人或受赠者类别
I	配偶，子女和继子女，孙辈子女，曾孙辈子女，在继承的情况下，父母和祖父母
Ⅱ	兄弟，姐妹，侄子，侄女，继父母，儿媳，女婿，公婆，离婚配偶，赠与的情况下，父母和祖父母
Ⅲ	其他人，包括法人

资料来源：德国联邦财政部网站，http：//www.bundesfinanzministerium.de/Web/EN/Home/home.html。

表3　　　　　　　　　　　遗产税及赠与税税率

分得遗产/赠与物价值（欧元）	各类别适用税率（%）		
	I	Ⅱ	Ⅲ
≤75000	7	15	30
≤300000	11	20	30
≤600000	15	25	30
≤6000000	19	30	30
≤13000000	23	35	50
≤26000000	27	40	50
>26000000	30	43	50

资料来源：德国联邦财政部网站，http：//www.bundesfinanzministerium.de/Web/EN/Home/home.html。

这样的税率设计，一方面有利于均贫富，抑制社会财富过度集中的趋势，同时有助于提倡自立自强的社会风气。另一方面，税率级次的划分经过多次税制改革，已与德国社会经济发展水平和财富积累水平相适应，同时超额累进税率相对保证了税收的纵向公平。

日本在税率设计方面同样采用超额累进税率，其遗产税和赠与税都适用10%—55%的超额累进税率表，但两税相同税率下适用不同应纳税所得额，相比之下，赠与税税负较重，具体税率如表4所示。

表4　　　　　　　　　日本遗产税与赠与税税率

遗产税		赠与税	
应纳税所得额（日元）	税率（%）	应纳税所得额（日元）	税率（%）
不超过1000万的部分	10	不超过200万的部分	10
超过1000万至3000万的部分	15	超过200万至300万的部分	15
超过3000万至5000万的部分	20	超过300万至400万的部分	20
超过5000万至1亿的部分	30	超过400万至600万的部分	30
超过1亿至2亿的部分	40	超过600万至1000万的部分	40
超过2亿至3亿的部分	45	超过1000万的部分	55
超过3亿至6亿的部分	50		
超过6亿的部分	55		

注：遗产税税率为日本2013年的税率，赠与税的税率为能找到资料的最新的日本2003年税率。

资料来源：日本财务省网站：http://www.mof.go.jp/tax_policy/summary/property/e03.html。

6. 征收管理

德国遗产税的纳税义务发生于去世者死亡时；赠与税的纳税义务在赠与时发生；家庭基金会[①]的情况下，在资产转移到基金会时，征收一次遗产税或赠与税，其后每30年发生一次纳税义务。[②] 纳税人必须在得知继承财产或向他人赠与财产后3个月内就所有继承的财产或赠与他人的财产向税务机关申报。税务机关根据其继承和所得情况发出通知，要求纳税人在1个月时间内完成纳税申报。

由于财产获得者未必愿意缴纳税款，为了保证税收及时足额入库，与德国不同的是，日本规定了连带纳税义务，遗产继承人之间、被继承人、由于赠与、捐赠，遗赠行为获得财产者、赠与财产者，负有连带纳税义务。日本同时还实行延期纳税制度与实物纳税制度，[③] 符合税法规定

---

① 自1999年3月5日起，为财产的构成而设立的任何外国信托组织均视同德国基金会。
② 为避免一次性纳税现金负担过大，德国遗赠税法允许分30年每年纳税，但要按5.5%的利率计息。
③ 在日本，只有继承税能够以实物缴纳，赠与税不可以实物缴纳。

条件的纳税人可获准延期纳税,[①] 但同时须缴纳利息（刘佐、石坚，2003）。

在征收管理方面，出于鼓励纳税人自觉缴纳税款的考虑，韩国设置了自行申报抵免优惠，即如果纳税人在法定期限内进行了纳税申报，允许抵免10%的应纳税款（方东霖，2010）。德国没有设置这方面的税收优惠。

三　德国遗产税制对中国的启示

1949年召开的首届全国税务会议上，提出了设立14种税收的方案，其中包括遗产税。1950年发布的新中国税制建设的第一个纲领性文件——《全国税政实施要则》，规定全国设立14种税收，遗产税位列其中。同年6月，第二届全国税务会议决定遗产税暂不开征，其后少有关于遗产税的税收方案，1958年、1973年、1984年三次重大税制改革中遗产税均未被列入计划（刘佐，2000）。新中国成立70年，中国都没有开征遗产税，未来遗产税的开征势必会遭遇许多困难。

（一）提高公众对遗产税的认同感

千百年来，"子承父业、袭冶承弓"这样的观念在中国民众心中扎根已久，因此目前遗产税这一"家中有白事，后人继承财产还要纳税"的税种在中国公众之中接受度不太高。2010年《中国青年报》做了一次关于是否开征富人遗产税的调查。11203名被调查者中，认为"目前不适合开征"的人数比例达到48.46%，34.03%的人认为"目前适合开征"，其余17.51%的人表示"不清楚"。调查还显示，65.67%的人表示"遗产税应针对富人征收"，43.68%的人建议"遗产税应该在发达城市试点"，还

[①] 按继承财产中不动产价额占继承财产总价额的比例确定利率。

有 35.62% 的人认为"遗产税与赠与税要统一征收"①。

调查中,将近半数的受访者认为目前不适合开征遗产税,时隔 6 年,对遗产税的认同人数或有上升,但尚未取得全社会大部分民众的认同,尤其是房产价格的飙升使很多中产阶级可能意识到自己或被划入遗产税征收人群,对其利益的冲击更加会削弱遗产税的认同度。

中国遗产税开征之前,可采用税收知识进社区、进街道、进校园,LED 电子显示屏循环播放相关知识等多样化的宣传形式使公众理解遗产税在"均贫富",矫正社会风气等方面的作用,尽量提高其公众接受度以创造良好的外部环境。

(二) 需完善相关法律制度

中国现行《民法》和《继承法》中有关于财产继承、分割、转移等方面的条款,但缺少与之相应的税务责任的明确规定,因此,在正式的遗产税法或暂行条例出台之前,需要对相关法律进行修改,否则易出现法律依据不足或前后矛盾的问题,建立相对健全的法律制度也有助于降低征管难度。

遗产税的征收离不开完备的居民财产申报、登记、查验、保护、交易制度,尤其是其中的官员财产报告和公示制度(贾康,2014)。征收遗产税需要可靠的财产信息,这就需要建立居民财产的实名申报、登记、查验制度,既然政府需要运用这一制度,相应地就必须配以严密的财产保护制度以保护居民的合法财产不受侵害,同时需要有高水准的财产交易制度,才能规范地处理相关产权交易问题而不给之后的税收征纳留下"后遗症"。中国目前在这方面的现实情况离推出遗产税的前提还有很大距离,但近年来为之所做出的努力,如自 2009 年年初新疆阿勒泰地区宣布实行官员财产公示以来,中国已有 27 个市、县进行官员财产公示试点,这显示着中国正在争取逐步具备前提条件,建设可操作环境。

---

① 参见"民调显示:48.46% 被访者不赞同开征富人遗产税",《中国青年报》,http://zqb.cyol.com/content/2010-08/23/content_3386191.htm。

(三) 建立高水准评估体系

客观地对财产进行价值评估是高技术性的工作。德国《遗产税法》规定，如果没有其他具体规定，遗产税评估应按评估法规定进行，其中规定了按公允价值评估的基本定义：公允价值是在正常交易时根据商品的特点确定的价格，所有对价格形成有影响的因素都必须考虑，非正常交易和私人关系不予考虑。

对于财产估值，国际通行做法是由税务部门与资产评估中介机构共同建立对个人财产的估值机构，按财产种类由税务评价员完成对财产的估价。因此征收遗产税的前提条件包括建立完备的评估规定及客观的评估机构。

中国资产评估行业起步于20世纪80年代并得到了迅速发展，但还是存在行业管理、执业质量等方面的问题。近年来中国在资产评估领域做出了许多有效举措，2006年6月全国人大财政经济委员会成立资产评估法起草组，从开始起草到审议出台，经过广泛征求意见和反复研究，于2016年7月2日，经过十二届人大常委会第二十一次会议第四次审议后，中国资产评估法顺利出台，这填补了资产评估行业无法可依的空白，规范了资产评估行业；2017年4月21日公布《资产评估行业财政监督管理办法》（中华人民共和国财政部令第86号），2017年6月1日起施行，这有助于明确财政监管流程，促进资产评估行业健康发展。

(四) 税制选择可考虑采用分遗产税制

如前所述，分遗产税制对征管水平的要求较高，同时要求纳税人纳税意识较强，因此大部分学者建议中国应采用总遗产税制，因其"先税后分"的征收方式计算较简单，相应地，征收成本也较前者较低，一定程度上可防逃漏。但或许税收征管水平应随税制改革而提升，而不是税制设计步步迁就当前征管能力，并且总遗产税制也不是全无弊端，在税收的纵向公平与横向公平层面，分遗产税制相对较好。

尽管中国目前的税收征管能力还不能完全适应分遗产税制对此的要

求，但在困难面前也不应忽视经过多年来社会主义市场经济的发展与积累所形成的在财产登记制度、财产评估制度和财产监控制度等方面的制度基础，同时不应过度高估面临的困难，而应积极地进行相关研究考量，为将来遗产税的推行创造更加有利的外部环境。

在赠与税与遗产税的关系处理方面，多数国家对遗产税和赠与税实行相同或大致相同的税率，但也有例外情况，如爱尔兰和卢森堡两个国家，其赠与税税率远低于遗产税，与之相反，土耳其赠与税税率远高于遗产税（刘佐，2003），因此，在进行税制设计时需确定是否单独设立赠与税，若要单独设立赠与税，如何协调两个税种的课征制度和税率水平。

设计税制时，其中纳税人具体纳税义务、免征额、税率、扣除项目等也需有理论和统计上的支撑，同时应参照中国国情与民众观念，设置相应的减免税优惠，但须注意，过于冗杂的税收优惠项目易进一步提高税收征管难度。

（五）确定纳税人时宜采用双重标准

在确定纳税人时，为维护国家利益，防止本国税负流失；避免国际重复征税，减轻纳税人负担。宜同时行使居民税收管辖权与地域税收管辖权，对本国居民就全球继承权征税，对于非居民，对其去世时在中国境内的遗产部分征税。这既符合国际税收的对等和互利的原则，更重要的是有利于维护本国的税收权益，目前一些开征遗产税的国家对中国公民在其境内的遗产及本国公民在中国境内的遗产征税，而中国未开征遗产税，相当于放弃了中国公民在外国境内的遗产和他国公民在中国境内遗产的税收管辖权（刘佐，2000）。为改变这种不合理状况，中国开征遗产税时宜实行居民税收管辖权和收入来源地税收管辖权，同时与外国签订税收协定以避免双重征税。

（六）设置适宜的扣除项目和税收优惠

参考德国及其他国家，中国在设计遗产税制时也应设置扣除项目以达到对继承者所增加的净资产征税同时减轻纳税人税负的目的，如丧葬费用、遗产公证费用、遗产管理费用、去世者债务等国际通行扣除项目。

同时可以依据中国经济需要对部分行业设置税收优惠，比如，为促进农、林、渔、牧行业发展，可以考虑设置优惠项目，对于将渔场、林地、荒地等经营权作为遗产给后人以继承的，给予减免税优惠。

对公益慈善性的遗产给予减免税优惠，遗产税本身财政意义不是很大，但随之产生的公益慈善收入不容小觑。据粗略统计，德国企业、团体和个人每年捐款总额为30亿—50亿欧元，德国社会福利问题中央研究所和德国天主教联盟两家机构负责对公开募捐的社会福利组织和慈善组织对善款的使用情况进行监督，这样的独立机构监督活动并不具有法律强制性，而是基于机构本身强大公信力的稳固基础①。从美国看，美国现有慈善机构约170万个，总资产占美国经济的5%，虽然促使公益性捐赠行为的原因是多方面的，但不可否认遗产税对公益基金会、民间慈善机构、志愿者非营利组织等的壮大形成了有力助推，促成了公益组织在社会生活中举重若轻的作用。

中国近年来公益慈善活动愈发活跃，但缺乏相对标准的公益基金会，而健全的法律是公益慈善可持续稳定发展的保障，中国需为此做好铺垫，推进规范的公益基金会的法律建设，提供有效的引导与扶助。

（七）尽量降低征税成本

各国遗产税在税收收入中的占比普遍为0.5%—2.0%，2015年和2016年全德遗产税总收入分别为62.90亿和70.06亿欧元，约占税收总额的1%。2000年，美国遗产税占联邦政府税收总额的1.43%，约290亿美元，但其征收成本高达65%（彭飞，2003）。在日本，遗产税税收收入同样不高，但从事遗产税征管工作的税务人员占全国税务人员的6.5%（刘佐，2000）。就中国现实情况来说，由于多种原因的存在，使税务机关难以确认纳税人收入，比如虽然中国已出现了一部分拥有巨额财产的人，但他们的财产中有相当一部分是很隐蔽的；灰色收入的存在使很多

---

① 《经济参考报》2011年12月6日。

收入无从计量；中国还未建立全面的财产登记制度与健全的个人收入、财产监控体系；富裕人群多样化的逃税、避税手法。这使税务机关对税源的把控能力非常有限。即使是在发达国家，情况也未必有所好转，有学者估计，美国申报征税的遗产总额可能只有实际遗产总额的 10%（刘佐，2000）。

遗产税的征收，涉及核实财产是否转移，如何转移、评估遗产价值以及申报、登记等各类管理工作，上文提及的德国遗产税的各类扣除项目及诸多减免税规定也显示了遗产税征收工作对税务人员的素质要求较高，结合遗产税偶发性的特点，使其征收成本愈发显高，要降低其征税成本，需全面建设前文提及的相关法律制度，制度的完善不仅有助于遗产税的课征，同时对其他税种的征管工作大有裨益，有助于消除税收调节"死角"，强化税收调节功能。

（八）需与多国签订税收协定

针对国际双重征税现象，德国与丹麦、法国、希腊、瑞典、瑞士、芬兰、奥地利和美国签订了涉及遗产税的税收协定，其中与丹麦，法国，瑞典和美国的条约包括赠与情况[①]，这个数字在当今全球化的发展态势下是远远不够的。而在所得税方面，德国和所有重要的贸易伙伴国都签订了避免对所得双重征税的双边协定（财政部《税收制度比较课题组》，2004）。

目前中国签订的双边税收协定、安排和协议已多达 106 个，协定网络覆盖全球，其中以换文、收换函和备忘录的形式对与日本、美国、丹麦、瑞士、越南、新加坡和韩国签订的税收协定进行了修订，与其他国家的税收协定也以议定书的形式修改了原协定（刘剑文，2012）。"一带一路"倡议发起以来，中国税收协定谈判进程大提速，已与"一带一路"沿线国家中的 54 个国家签订税收协定。为协调相互的税收分配关系和处理税务方面的问题，中国在设立遗产税时也需要与多个国家和地区签订双边

---

① 参见《遗产和赠与税法》第 21 节内容。

或多边协定。

参考文献

[1] 石坚、韩霖:《国外遗产税制和赠与税制的比较分析》,《税务研究》2005年第5期。

[2] 齐海鹏、李娟:《民国时期遗产税的历史变迁及当代的启示》,中央财经大学中国财政史研究所《财政史研究》第8辑,中国财政经济出版社2015年版。

[3] 张巍:《中国需要现代化的遗产税:观德国遗产税》,浙江工商大学出版社2014年版。

[4] 刘佐、石坚:《遗产税制度研究》,中国财政经济出版社2003年版。

[5] 朱秋霞:《德国财政制度》,中国财政经济出版社2005年版。

[6] 崔景华:《欧洲主要发达国家近期税制改革动向及对我国的启示》,《欧洲研究》2007年第4期。

[7] 方东霖:《韩国遗产税制研究及启示》,《涉外税务》2010年第7期。

[8] 刘佐:《新中国遗产税的发展与展望》,《税务研究》2000年第8期。

[9] 贾康:《遗产税的价值取向与其改革设计导向》,《税务研究》2014年第4期。

[10] 刘佐:《OECD成员国征收遗产和赠与税简况》,《涉外税务》2003年第9期。

[11] 彭飞:《我国应审慎开征遗产税》,《涉外税务》2003年第5期。

[12] 财政部"税收制度国际比较"课题组:《德国税制》,中国财政经济出版社2004年版。

[13] 刘剑文:《〈中德税收协定〉的现状与发展趋势》,《现代法学》2012年第2期。

[14] 李稻葵、[德]罗兰·贝格编著:《中国经济的未来之路——德国模式的中国借鉴》,中国友谊出版公司2015年版。

The Design of GermanInheritance Tax System and the Enlightenment to China

LI Qiong　CHEN Xiaowen

Abstract: More than 100 countries in the world have levied inheritance tax. Inheritance tax plays a special role in realizing intergenerational justice and retarding the concentration of wealth. Through the analysis of the German inheritance tax, and compares some elements of tax system with Japan and South Korea, this paper discusses some problems that need to be solved in China's inheritance tax, such as the public's sense of inheritance tax, the faulty law system, the design of relevant tax system elements still needs further consideration, the taxation cost is high, and it is easy to cause capital outflow. This article has carried on a more detailed analysis of these issues, and put forward corresponding policy recommendations.

Keywords: Inheritance Tax; Income Distribution; Inheritance Type

CEPA实施的贸易目标是否取得了预期成效？
——基于两地间的贸易数据分析[*]

袁群华　李苏洋　周晓君[①]

摘　要：本文在介绍香港贸易分类及其相互关系的基础上，综述了CEPA实施以来内地与香港间的贸易效应、香港贸易与内地经济发展关系两方面的文献观点，分析和对比了CEPA实施前后中国内地与香港之间贸易关系改变情况，发现CEPA推动香港金融、保险等服务出口中国内地效果非常显著；并通过对CEPA实施前后中国内地与香港的服务贸易创造效应测算，结论为具有贸易创造效应。从而判定CEPA实施以后极大地促进了内地与香港的贸易关系，效果明显。然而从近几年情况看，中国内地与香港的各类贸易发展处于停滞状态，甚至出现下降趋势。为扭转这种趋势，本文提出了开放中国内地服务业市场和积极发展香港与中国内地离岸贸易等对策建议。

关键词：CEPA；成效；香港；贸易

---

[*] 本文得到广东省科技厅软科学课题（2016A070705057）；广东省教育科学规划课题（2018JKSJD73）；广东省教育科学"十三五"规划研究项目（2018JKDY10）；广东外语外贸大学校级课题（I6QN25）资助。

[①] 袁群华，广东外语外贸大学经济贸易学院助理研究员；李苏洋，广东外语外贸大学经济贸易学院本科生；周晓君，广东外语外贸大学经济贸易学院本科生。

《内地与港澳关于建立更紧密经贸关系的安排》（CEPA）自 2004 年元旦开始实施，以及后来不断出台 10 个补充协议，已经走过了 15 个年。由于 CEPA 设计的主要目的就是为了提升香港服务业与内地的合作以及促进港产品出口；同时由于转口贸易占香港全部贸易的半壁江山，离岸贸易代表贸易的发展方向，所以本文以香港的视角观察 CEPA 的实施效果，即在分析中国内地与香港服务贸易、转口贸易和离岸贸易的数据的基础上探讨 CEPA 是否取得了预期成效。

一 与香港相关的主要国际贸易分类及其相互关系

在分析中国内地与香港的贸易关系时，因涉及贸易种类较多，如货物贸易、服务贸易、转口贸易和离岸贸易，故需要厘清这些贸易分类的内涵及其相互关系。首先中国内地与香港之间的贸易涉及货物贸易与服务贸易之间的分类，是依据贸易对象不同进行划分的，货物贸易和服务贸易合在一起就是全部的贸易。

而对于转口贸易和离岸贸易则需要更加详细的解读，根据香港特区政府统计处的说明：转口货品是指输出曾经自外地输入本港的货品，而这些货品并没有在本港经过任何制造工序，以致永久改变其形状、性质、式样或用途；离岸货品贸易涵盖在香港经营业务的机构（不包括其在香港境外的有联系公司）所提供的"转手商贸活动"及"与离岸交易有关的商品服务"。离岸贸易活动所涉及的货品是从香港以外的卖家直接运往香港以外的买家，而有关货品并没有进出香港。从离岸货品贸易赚取的收入是指从"转手商贸活动"中所赚取的毛利，以及从"与离岸交易有关的商品服务"中赚取的佣金，并非所涉及的货品价值。从以上两个叙述中分析得出，离岸贸易与转口贸易的最大区别就是货物是否进出香港，其主要依赖于服务所产生的收入或者佣金，属于服务贸易。

事实上，从香港贸易发展史看各类贸易的替代关系：（1）20 世纪

50—70年代，中国内地封闭，香港发展以出口为导向的制造业，此时以货品进出口贸易为主。（2）20世纪八九十年代，随着内地改革开放，香港制造业转移到珠三角地区，香港贸易转口贸易迅速发展，转口贸易额在总出口中所占比重由1979年的26.4%上升到1997年的95.9%。（3）21世纪以来，随着中国内地加入WTO，内地贸易基础设施逐步完善和贸易便利化水平逐步提升，且中国内地资本项目下外汇不可自由兑换，香港离岸贸易在转口贸易的基础上快速发展起来，与转口贸易并驾齐驱。

二 文献综述

关于CEPA实施以来内地与香港间的贸易效应的研究较为丰富，按照实施效果看，大部分的研究结论认为贸易效应显著，也有部分研究结果认为香港服务业企业进入内地市场仍然困难，CEPA实施不佳。

张婕和许振燕（2007）对CEPA实施后中国内地与香港的贸易效应进行了测算，结论为获得净贸易创造效应，没有形成净贸易转移。王鹏（2008）得出结论中国内地与香港双边贸易的蓬勃发展，很大程度上得益于两地经济发展水平和人均收入的提高。毛艳华和肖延兵（2013）采用巴拉萨模型分别对CEPA实施以来对内地和香港的经济效应进行了测算，认为CEPA发挥了两地的比较优势，促进了香港和内地的服务贸易发展。张光南等（2011）认为CEPA"港产品零关税"货物贸易政策有利于中国香港进出口、贸易余额和贸易条件，但对中国内地贸易余额和条件存在一定的冲击。冯邦彦和胡娟红（2013）认为CEPA及一系列补充协议的签署和其他合作措施深化了内地与香港的经济融合，其贸易创造效应已经显现并发挥积极作用，但CEPA框架下两地的贸易限制和障碍尚未真正消除。席艳乐和陈小鸿（2014）采用引力模型得出CEPA对双方均带来了贸易创造效应，且没有任何贸易转移为代价。左连村等（2014）认为CEPA实施十年来取得了巨大效果，但开放度仍然不够。张应武和朱亭瑜（2015）的研究表明CEPA促进了香港对内地旅游服务业和金融服务业的输入以及保险服务业的输入。闫琛（2016）的测算结果表明CEPA极大地香港对内地的服务贸易输出，主要在旅游和运输等传统服务业，对金融和保险服务业促进不大。赵文涛（2017）采用DID方法的测算结果为CEPA促进了香港对内地的出口和投资。覃成林和蒋浩杰（2017）的验证结果表明CEPA促进了香港与内地的服务贸易发展，但其促进作用呈现出先增大后减小的变化。韩永辉和张帆（2018）认为CEPA缺乏实质性优惠，服务贸易自由化举步维艰。

以上研究分析了CEPA实施后的贸易效应，但基本上都是从中国内地的视角出发。部分文献在采用引力模型时测算时，所用的数据存在很大缺陷，因为目前没有中国内地各省（直辖市、自治区）与香港的服务贸易数据，而采用整体贸易数据替代，这与CEPA的主要目的推动服务贸易不符，所以得出的结论也难以令人信服。

三 CEPA实施前后中国内地与香港贸易关系统计性描述

（一）中国内地与香港货物贸易

内地与香港贸易发展迅速，中国内地出口到香港的货物贸易额出快速增长，从1990年的2361.34亿港元增长至2017年的20301.45亿港元，翻了8倍多；不过近几年中国内地出口到香港的货物贸易额较为平稳，从2013年19421亿港元先增至2014年的19870亿港元，再降至2016年的19168亿港元，再增至2017年的20301.45亿港元。从CEPA出台前后8年情况看，2004—2012年年均增长8.00%，而1995—2003年年均增长只有4.81%。中国内地出口到香港的货物贸易占香港货物贸易总额的比重稳中有升，从1990年的36.75%升至2017年的46.59%，其中1999—2004年的比重为43.00%—44.50%。从贸易金额看，似乎CEPA出台对于中国内地货物出口到香港具有促进作用；不过从占比来看却没有显示出这种变化，说明CEPA出台前后香港对中国内地货物出口变化并不明显，因为一直以来都是零关税。

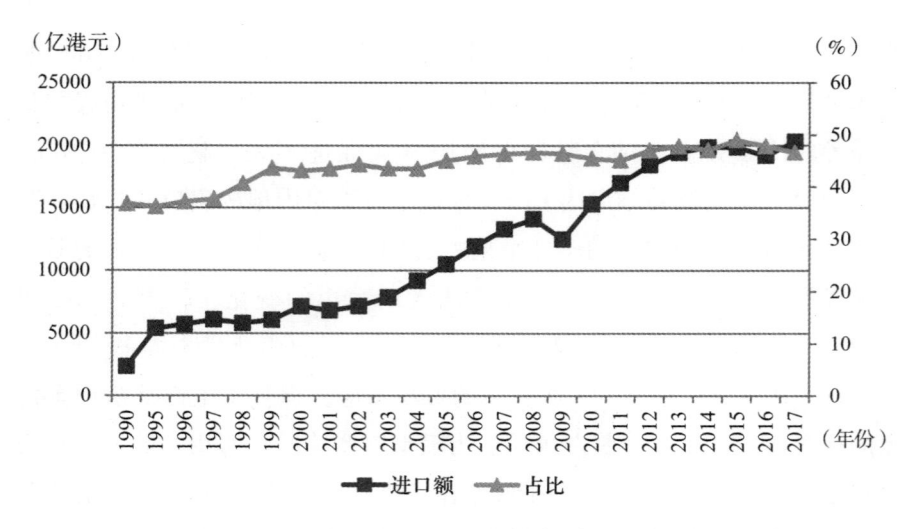

图1 香港从中国内地进口的货物贸易额及其占比

资料来源：历年香港统计年鉴。

原产地为香港的产品出口总额逐年下降，从1990年的2258.75亿港元减少至2017年的435亿港元，2017年只占香港进口贸易额的2%左右，可见港产品出口在香港贸易中占比也很小。其中香港出口到中国内地的贸易额也相应从1990年的474.70亿港元减少至2016年的186亿港元；不过占比却从1990年的21.02%增长至2016年的43.36%。尤其是2004—2009年有10个以上百分点的增长，此后占比处于稳中有降。说明CEPA实施后中国内地对原产于香港产品实行零关税有明显政策效果。

（二）中国内地与香港服务贸易

1. 香港服务输出到中国内地总体情况及其结构

从香港服务出口目的地看，中国内地长期是香港服务输出最主要的目的地。输出金额从1995年的342.65亿港元增长到2017年的3102.36亿港元，年均增长10.53%；峰值在2014年，达3126.50亿港元。占香港服务贸易输出总金额的比重也从1995年的16.20%增加到 2017 年的 39.9%，增长了约 24 个百分点。其中，CEPA 的实施后香港服务输出到中国内地更加快速增长，从 2003 年的 692.02 亿港元增长到 2017 年的 3102.36 亿港元，年均增长 11.31%；若仅考虑 2004—2014 年，年均增长率达 14.97%，远远快于 1995—2003 年的年均增长率 9.19%，说明 CEPA 对香港服务出口内地具有明显促进作用。

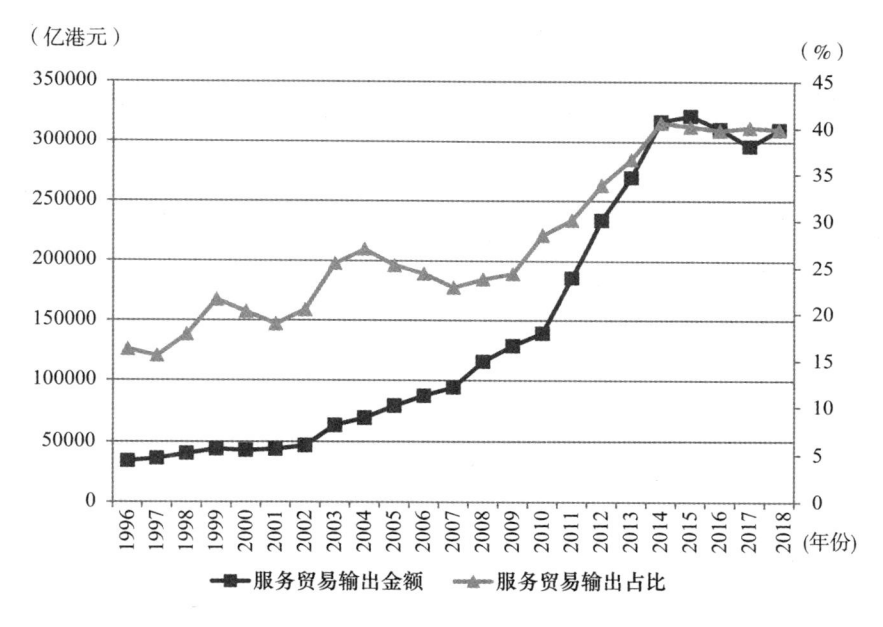

图 2　香港服务输出到中国内地的贸易额和占比

资料来源：香港政府统计处网站。

香港服务输出到中国内地最主要的两项为旅游服务和运输服务，其中最主要的旅游服务贸易额从 1999 年的 146.93 亿港元增加到 2017 年的 2016.11 亿港元，同期占香港出口到中国内地服务贸易额得比重从 22.11% 增长到 64.99%，峰值（拐点）在 2013 年的 75.22%；而运输服务贸易额从 1999 年的 171.33 亿港元增加到 2017 年的 635.17 亿港元，同期份额从 25.78% 减少至 20.47%，占比最低为 2013 年的 13.79%。同样以 CEPA 为时间分界点，2004 年以前中国内地往香港旅游服务贸易额虽然也在提升，但份额快速提升却是随着允许全国境内居民个人赴港旅游政策的实施（见图 3 和图 4）。说明香港以接待内地游客和运输服务为主，而旅游业受香港形势影响较大；但香港服务输出到内地的结构有待进一步优化。

现代服务贸易中较为重要的金融和保险服务业贸易所占香港输出到中国内地服务贸易的比例不大，都在 3% 和 2% 以下。但是这两类服务业贸易增长速度却非常快，年均增速在 20% 以上，其中 2004—2017 年金融服务贸易额从 8.85 亿港元增长到 118.49 亿港元，年均增长率 22.09%，2004—2015 年年均增速则在 23.93%，而 1995—2003 年年均增长率仅为 9.18%。2004—2010 年保险服务贸易额从 4.86 亿港元增长到 11.99 亿港元，年均增长率 16.98%，而此前 1999—2003 年保险服务贸易几乎没有增长。可见，CEPA 在推动香港出口现代服务业贸易出口至中国内地的作用还是非常明显。

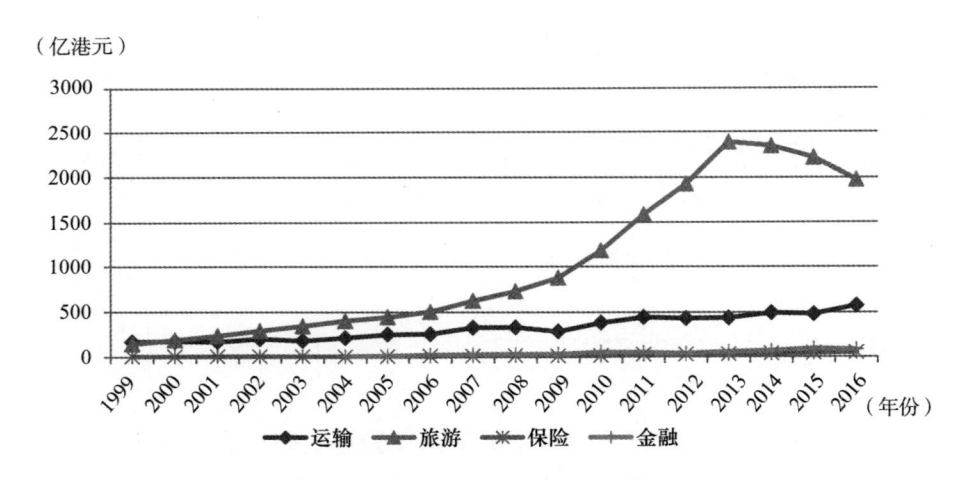

图 3　香港输出到中国内地的服务贸易结构

资料来源：香港政府统计处网站。

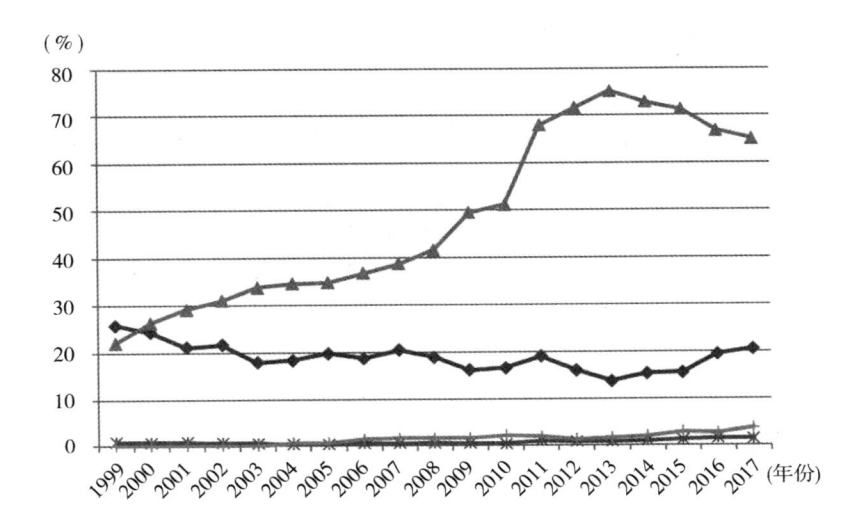

CEPA 实施的贸易目标是否取得了预期成效？ / 143

图4 香港服务输出到中国内地的结构变化

资料来源：香港政府统计处网站。

2. 中国内地服务输入到香港的贸易总体情况及其结构

从香港服务进口来源地看，中国内地长期也是香港服务输入最主要的来源地。从1995年的1524.72亿港元增加到2016年的2209.91亿港元，峰值为2008年的2915.50亿港元。2004年CEPA出台后中国内地服务输入香港贸易额快速增长，不过在2008年金融危机后达到顶峰后又快速下降。从占比数据看，除了在1999年（该年峰值为61.6%）前短暂上升外，其余年份中国内地服务输入到香港的贸易占比一直在下降，从1995年的54.4%下降到2016年的38.5%，下降了将近16个百分点。2016年中国内地输入到香港的服务贸易占比最大的是制造服务，为881.92亿港元，占比达39.91%；其次为旅游服务，为566.86亿港元，占25.65%。再次为其他商业服务、运输服务业，占比为14.57%和13.28%。而现代服务业金融和保险也是在2%以下或者略多于2%。

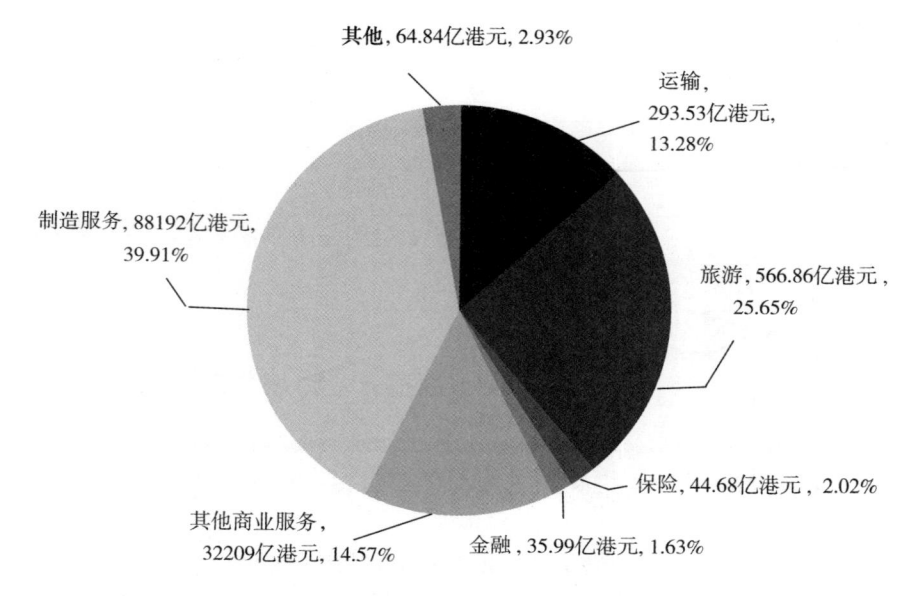

其他, 64.84亿港元, 2.93%
运输, 293.53亿港元, 13.28%
制造服务, 88192亿港元, 39.91%
旅游, 566.86亿港元, 25.65%
保险, 44.68亿港元, 2.02%
金融, 35.99亿港元, 1.63%
其他商业服务, 32209亿港元, 14.57%

图5　2016年中国内地服务输入到香港的各类服务贸易额和占比

资料来源：香港政府统计处网站。

货物贸易和服务贸易的指标显示，货物贸易是中国内地与香港的贸易主体，服务贸易占比相对较小。中国内地服务输入到香港贸易额只有中国内地出口到香港的货物贸易额的15.46%，而香港服务输出到中国内地的贸易额占中国内地出口到香港的货物贸易额10.38%；以上两项服务贸易加起来25.84%，约占1/4。此外，值得注意的是2016年中国内地服务出口到香港贸易额大于香港服务输出到中国内地的贸易额。以CEPA实施为时间分界点来看，CEPA实施以来香港服务出口到中国内地贸易额快速增加，且主要为旅游服务快速增长；中国内地服务出口到香港贸易额先增后减，成"几"形，但比重逐步降低。CEPA也促进了中国内地与香港金融、保险等服务业合作，但服务贸易结构有待进一步改善。

（三）中国内地与香港转口贸易

按转口贸易（目的地）的贸易额看，香港转口到中国内地的贸易额从 1990 年 1109.08 亿港元增长到 2016 年的 19249 亿港元，增长了 17 倍，年均增长 11.60%。占香港转口贸易（目的地）总额的比重则从 26.79% 快速增长至 54.29%；峰值在 2013 年，为 54.90%。同期排名第二位的美国占比从 21.20% 下降到 9.04%。

以 CEPA 实施的 2004 年为界，1990—2003 年香港转口到中国内地的贸易额年均增长率为 15.30%，快于同期香港总转口贸易（按目的地）增长率 11.07%；而 2004—2016 年 13 年香港转口到中国内地的贸易额年均增长率为 8.02%，也快于同期香港总转口贸易（按目的地）年均增长率 6.21%。不过从占比来看，CEPA 出台的前后 8 年平均增速相差不大，总体都是增加了大约 10 个百分点。按转口贸易（来源地）的贸易额看，香港从中国内地转口的贸易额从 1990 年 2404.10 亿港元增长到 2016 年的 20855 亿港元，增长了 8.68 倍。占比数据围绕 60% 处于波动状态，介于 57%—63% 之间。

整体趋势显示，若按转口贸易（目的地）的贸易额看，香港转口到中国内地的贸易额和占比都快速增长；但从转口贸易（来源地）的贸易额看，香港从中国内地转口的贸易额快速增加，但比重先增后减。不过，不论中国内地作为转口贸易的目的地还是来源地，近几年转口贸易额都与中国内地出口到香港的货物贸易额数值相差不大。以上数据表明，不论中国内地作为转口贸易的目的地还是来源地，CEPA 出台对香港与中国内地的转口贸易都没有明显促进作用。由于转口贸易不是 CEPA 推动的主要目标，所以关于转口贸易的分析只是作为参考。

（四）中国内地与香港离岸贸易

中国内地是香港离岸贸易最主要的贸易伙伴之一。从香港与中国内地的离岸贸易毛利/佣金的构成看，转手商贸活动的毛利占主体，近几年均在86%以上。而从整个香港转手商贸活动的毛利看，香港与中国内地的转手商贸活动毛利处于缓慢增长态势，但占比却在逐年降低，这决定了香港与中国内地离岸贸易毛利的走势。

1. 香港与中国内地的转手商贸活动所售的货品价值

2002—2016年，香港与中国内地的转手商贸活动所售的货品价值从3834.53亿港元增至2016年的14033.83亿港元，增长了2倍多；其中峰值为2014年的17744.78亿港元。占香港总转手商贸活动货品价值的比重先增后降，基本稳定在35%以上，排第一位。从增长率看，2003年的增长率只有15.37%；而2004—2008年5年均增速为20.52%，2004—2010年年均增速18.84%。CEPA出台对香港与中国内地的转手贸易活动具有较为明显的促进作用。

2. 香港与中国内地的离岸贸易毛利/佣金

2002—2016年，香港与中国内地的离岸贸易毛利/佣金缓慢增长，从2002年的341.92亿港元增长到2016年的549.79亿港元，年均增长3.45%。其中2009年受国际金融危机影响，离岸贸易毛利/佣金降至415.61亿港元。不过从整个香港的离岸贸易看，与中国内地的离岸贸易毛利/佣金占比在不断降低，从2002年的33.2%下降至2016年的19.8%，下降了13.4个百分点；仅次于美国，排第二位。以2016年为例，香港与美国的转手商贸活动所售的货品价值占比21.5%，但毛利却占36.2%；而香港与中国内地的转手商贸活动所售的货品价值占比37.0%，毛利只占21.5%。可见，香港与中国内地的离岸贸易利润率相对较低。

总之，CEPA出台对香港与中国内地的离岸贸易具有较为明显的促进作用。整体趋势为香港与中国内地的离岸贸易总额和毛利/佣金都呈现出缓慢增长，占比缓慢下降。且近几年内地与香港离岸贸易额及其占比均出现下降趋势，若未来转口贸易被离岸贸易逐步取代，内地与香港的贸易关系将可能出现弱化的趋势。

四　CEPA 实施前后中国内地与香港的服务贸易创造效应测算

（一）巴拉萨模型

经典的两种测算贸易效应方法是巴拉萨模型和引力模型。由于中国内地各省与香港服务贸易数据缺失，导致无法用引力模型测算 CEPA 实施以来的服务贸易效应，本文采用巴拉萨模型测算 CEPA 实施以来中国内地与香港的服务贸易创造效应。巴拉萨模型是通过测算进口需求收入弹性变化来测算贸易效应为：

$$IM = \alpha Y^{\beta} u \quad (1)$$

转为线性方程为：

$$\ln IM = \ln\alpha + \beta\ln Y + \ln u \quad (2)$$

简化为：

$$\ln IM = a + \beta\ln Y + \varepsilon \quad (3)$$

其中，$a = \ln\alpha$，$\varepsilon = \ln u$；IM 为香港输入中国内地的服务贸易额，Y 为中国内地国内生产总值，α 为参数，ε 为随机误差项。

对（3）式两边求导，得：

$$\frac{dIM}{IM} = \beta\frac{dY}{Y} \quad (4)$$

根据（4）式的推导结果可知，β 为香港输入中国内地的服务贸易额与中国内地经济增长的系数，也是中国内地从香港进口服务贸易的需求收入弹性。在 CEPA 的框架下，如果该进口需求收入弹性大于 CEPA 实施前的水平，则说明 CEPA 的签署存在贸易创造效应。用 X 代表影响香港输入中国内地的服务贸易额与中国内地经济增长的控制变量，因此模型如下：

$$\ln IM = \alpha + \beta\ln Y + X + \varepsilon \quad (5)$$

（二）样本和资料来源

尽管中国内地和香港纯服务贸易的比例不断增大，但服务贸易往往作为货物贸易的配套产品进行交易，卢仁祥（2011）通过 Deardorff 模型指出，货物贸易的发展能够从供给、需求和政策管理方面促进服务贸易的发展。姚星（2009）通过利用服务业 FDI 作为商业存在的代理变量，经验分析了商业存在服务贸易对经济增长的技术外溢效应和人力资本积累效应。因此本文采用内地货物贸易进口额 MG、香港对内地的直接投资 FDI 作为控制变量。模型变为：

$$\ln IM = \varepsilon + \beta \ln GDP + \delta \ln MG + \varphi \ln FDI \tag{6}$$

本文选取 1995—2017 年的数据作为样本，以 CEPA 正式施行的 2004 年为分界点，测算 CEPA 实施前后的香港输入内地的服务贸易与内地经济发展之间的影响，其中香港输入中国内地的服务贸易额 MS 来源于香港统计处，中国内地的国内生产总值 GDP 来源于世界银行数据库，内地货物贸易进口额 MG、香港对内地的直接投资 FDI 均来源于国家统计局，以上各项数据的换算均通过实际汇率转化为相同单位（亿元/人民币），并通过平减居民消费价格指数剔除物价因素的影响。初步对各变量进行处理后，各变量的描述统计如表 1 所示。

表 1　　　　　　　　各项变量的描述统计结果

变量	观测值	平均值	标准差	最小值	最大值
IM	23	1731.74	1447.10	384.11	4266.55
GDP	23	327370.83	156115.25	116515.96	647588.82
MG	23	61908.64	36265.94	14206.58	108887.76
FDI	23	2783.05	1575.11	1251.47	6023.31

（三）单位根检验结果

由于本文所选取的变量数据均为年度时间序列数据，为避免"伪回归"现象，通过运用 Eviews 10.0 计量软件，对各项变量数据的平稳性进行检验。本文采用 ADF 单位根检验方法对各变量的对数序列及其一阶差分序列进行平稳性检验，检验结果如表 2 所示。

表2　　　　　　　　　　各变量的单位根检验结果

变量	检验类型 (c, t, k)	ADF检验值	1%临界值	5%临界值	10%临界值	结论
ln*IM*	(c, t, 1)	-2.051104	-4.467895	-3.644963	-3.261452	不平稳
dln*IM*	(c, 0, 0)	-4.182353	-3.78803	-3.012363	-2.646119	平稳*
ln*GDP*	(0, 0, 1)	2.654547	-2.679735	-1.958088	-1.60783	不平稳
dln*GDP*	(c, 0, 0)	-3.742545	-3.78803	-3.012363	-2.646119	平稳***
ln*MG*	(c, 0, 0)	-1.285543	-3.769597	-3.004861	-2.642242	不平稳
dln*MG*	(c, 0, 0)	-4.224762	-3.78803	-3.012363	-2.646119	平稳*
ln*FDI*	(c, t, 1)	-2.436216	-4.467895	-3.644963	-3.261452	不平稳
dln*FDI*	(0, 0, 0)	-2.157059	-2.679735	-1.958088	-1.60783	平稳**

注：括号内的数字是回归系数的t统计量的值，*、**、*** 表示在10%、5%、1%显著性水平下通过t检验。

根据表2可知，在10%的显著性水平下，所有变量均为一阶单整。

（四）协整检验

1. 确定滞后阶数

由于Johansen检验是在VAR（向量自回归模型）的基础上进行，所以在进行协整检验之前应先确定VAR模型。准确建立VAR模型的关键在于滞后期数的确定。各项变量均满足$I(1)$，在建立VAR模型前，首先要确定最优滞后阶数。由于样本自由度有限，经过多次实际测算且根据AIC、SC、FPE、LR以及HQ准则确定最优滞后阶数为2。

2. Johansen协整检验

各变量满足同阶单整，且已确定最优滞后阶数为2，进行协整检验，结果如表3所示。

表3   Johansen 协整检验结果

零假设	特征值	迹统计量	5%临界值	Prob 值
无*	0.596105	48.87912	47.85613	0.0399
至多一个*	0.551212	29.84051	29.79707	0.0494
至多两个	0.388476	13.01521	15.49471	0.1143
至多三个	0.12012	2.687374	3.841466	0.1011

注：括号内的数字是回归系数的 t 统计量的值，*、**、*** 表示在10%、5%、1%显著性水平下通过 t 检验。

由表3可知，在5%的显著性水平上，各变量之间至少存在两个协整关系。通过对协整方程残差进行 ADF 检验，结果显示残差为平稳序列，也证明了香港输入内地的服务贸易与内地的经济增长、货物贸易进口以及香港对内地的直接投资之间存在着协整关系，根据（5）式转化得到的（6）式，经过标准化后协整关系表达式为：

$$\ln IM = -8.4770 + 0.5893\ln GDP + 0.0806\ln MG + 0.9376\ln FDI \quad (7)$$

这说明随着内地经济的增长以及内地货物贸易和香港对内地直接投资的增大，香港输入内地的服务贸易也将增大，也体现了 CEPA 对香港和内地之间服务贸易的创造效应。

（五）向量误差修正模型（VECM）

尽管协整关系反映了各变量之间的长期稳定的均衡关系，但在短期中，变量经常偏离均衡状态并逐步向长期均衡状态调整。为了反映香港输入内地的服务贸易与内地的经济增长、货物贸易进口以及香港对内地的直接投资之间短期偏离的修正机制，本文采用建立在无约束向量自回归（VAR）模型基础上的向量误差修正模型进行误差分析。由于 VECM 的滞后期与 VAR 模型一阶差分的滞后期一致，故设定 VECM 的滞后期为1，经过计算得出具体的误差修正模型如下：

$$\Delta\ln MS = -0.5251 EC1, t-1 - 0.3898 EC2, t-2 + 0.2485\Delta\ln MSt - 1 + 1.8556\Delta\ln GDPt - 1 -$$

$$(-4.4225^{***})(-2.4892^{**})\quad (1.2531)(2.3040^{**})$$

$$0.0899\Delta\ln FDIt-1-0.2928\Delta\ln MGt-1-0.0332$$

$$(-0.4224)\quad (-1.8171^*) \tag{8}$$

$$\Delta\ln GDP = -0.0253EC1,t-1-0.0355EC2,t-2-0.1137\Delta\ln MSt-1-0.0072\Delta\ln GDPt-1-$$

$$(0.5199)\quad (0.5540)\quad (1.4008*)(-0.0221)$$

$$0.0865\Delta\ln FDIt-1+0.0078\Delta\ln MGt-1+0.0967$$

$$(-0.9929)(0.1189) \tag{9}$$

$$\Delta\ln FDI = -0.1484EC1,t-1+0.1893EC2,t-2-0.0978\Delta\ln MSt-1+0.8029\Delta\ln GDPt-1+$$

$$(-1.1030)\quad (1.0670)\quad (-0.4353)\quad (0.8797)$$

$$0.4017\Delta ln FDIt-1-0.4052\Delta ln MGt-1+0.0261$$

$$(1.6655^*)\quad (-2.2193^{**}) \tag{10}$$

$$\Delta\ln MS = -0.1188EC1,t-1-0.0529EC2,t-2+0.2678\Delta\ln MSt-1+3.2037\Delta\ln GDPt-1-$$

$$(-0.7192)\quad (-0.2426)\quad (0.9699)\quad (2.8579^{***})$$

$$0.1913\Delta\ln FDIt-1-0.0454\Delta\ln MGt-1-0.1684$$

$$(-0.6459)\quad (-0.2026) \tag{11}$$

其中，

$$EC1,t-1 = \ln MS+5.4006-0.5186\ln FDIt-1-0.7840\ln MGt-1 \tag{12}$$

$$EC2,t-2 = \ln GDP-4.9939-0.7753\ln FDIt-1-0.1455\ln MGt-1 \tag{13}$$

（8）式的误差修正项系数 t 统计量分别在显著性水平下通过检验，说明香港输入内地的服务贸易额受两个控制变量的影响较显著。其误差修正项系数分别为 -0.5251 和 -0.3898，说明香港输入内地的服务贸易收到干扰偏离均衡时，将收到一个相反的调整力，使其能够在短期内恢复均衡。(9)式、(10)式、(11)式的误差修正项系数中的 t 统计量不显著，意味着香港输入内地的服务贸易受控制变量的关系影响不显著，也就是香港输入内地的服务贸易偏离均衡时，很难在短期内恢复到长期均衡。

(六) 格兰杰因果检验

在上述 VECM 模型的基础上，通过对香港输入内地服务贸易与内地经济增长以及内地货物贸易进口额、香港对内地的直接投资进行因果关系检验，结果如表 4 所示。

表 4　　　　　　　　　　格兰杰因果检验的结果

原假设	F 统计值	P 值	结论
LNGDP 不是 LNMS 的格兰杰原因	2.00297	0.1674	不拒绝
LNMS 不是 LNGDP 的格兰杰原因	3.32858	0.0618	拒绝
LNMG 不是 LNMS 的格兰杰原因	3.03339	0.0764	拒绝
LNMS 不是 LNMG 的格兰杰原因	0.23741	0.7914	不拒绝
LNMG 不是 LNGDP 的格兰杰原因	1.72627	0.2095	不拒绝
LNGDP 不是 LNMG 的格兰杰原因	5.70234	0.0135	拒绝
LNFDI 不是 LNGDP 的格兰杰原因	1.17751	0.3334	不拒绝
LNGDP 不是 LNFDI 的格兰杰原因	4.29476	0.0321	拒绝
LNFDI 不是 LNMG 的格兰杰原因	0.52991	0.5986	不拒绝
LNMG 不是 LNFDI 的格兰杰原因	4.03588	0.0381	拒绝

由表 4 可得，香港输入中国内地的服务贸易额与中国内地的国内生产总值存在单向因果关系，中国内地的货物贸易进口额与从香港进口的服务贸易额和香港对内地的直接投资存在单向因果关系，中国的国内生产总值与货物贸易进口额和香港对内地的直接投资存在单向因果关系。即香港输入内地的服务贸易对内地经济的增长具有促进作用，同时内地经济的增长对货物贸易的进口和香港对内地的直接投资具有促进作用，而货物贸易的进口又对内地从香港进口服务贸易和香港对内地的直接投

资具有解释力。

(七) 脉冲响应分析

脉冲响应函数可分析模型收到某种冲击时对系统的动态影响，并用于衡量随机扰动项的标准差冲击对内生变量和未来取值的影响。运用 VAR 模型，基于脉冲响应函数分析法，根据样本量以及 CEPA 的签署时间，选择冲击响应期为 12，可以获得香港输入内地的服务贸易和内地经济增长受自身与内地的货物贸易和香港对内地的直接投资的冲击的动态响应路径。结果如图 6 和图 7 所示。

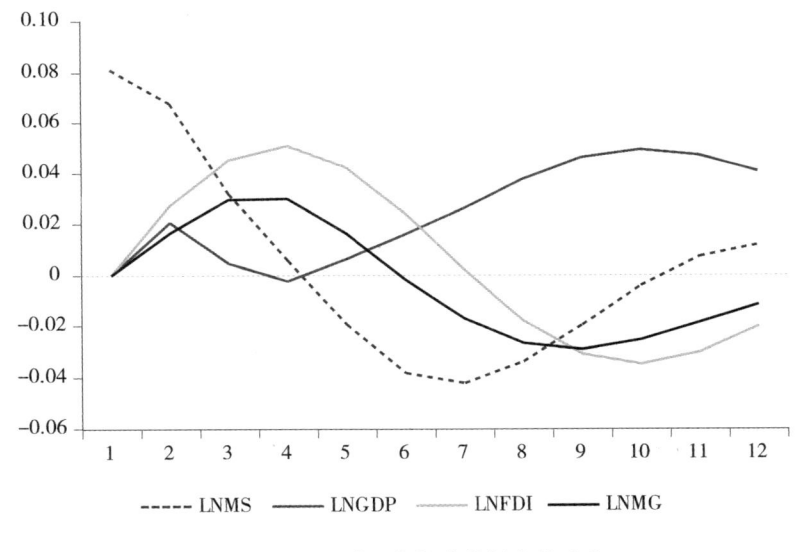

图 6　LNMS 对一个标准差新息的响应

根据香港输入内地的服务贸易和内地经济增长对一个标准差信息的响应情况，可以发现内地的 GDP 对香港输入内地的服务贸易总体上具有正效应，虽在第 4 期呈现负效应，但随后正效应的趋势增大，但在第 10 期后，该趋势减弱。香港对内地的直接投资和内地的货物贸易分别在第 7 期与第 6 期前呈现正效应，但随后呈现负效应，并从第 10 期后负效应的趋势减弱。此外，香港输入内地的服务贸易在第 6 期前对内地的经济增长呈现负效应，随后在第 7—11 期呈现正效应，第 12 期则呈现负效应，内地的货物贸易以及香港对内地的直接投资则总体上呈现负效应，但香港对内地的投资在第 10 期后呈现正效应。

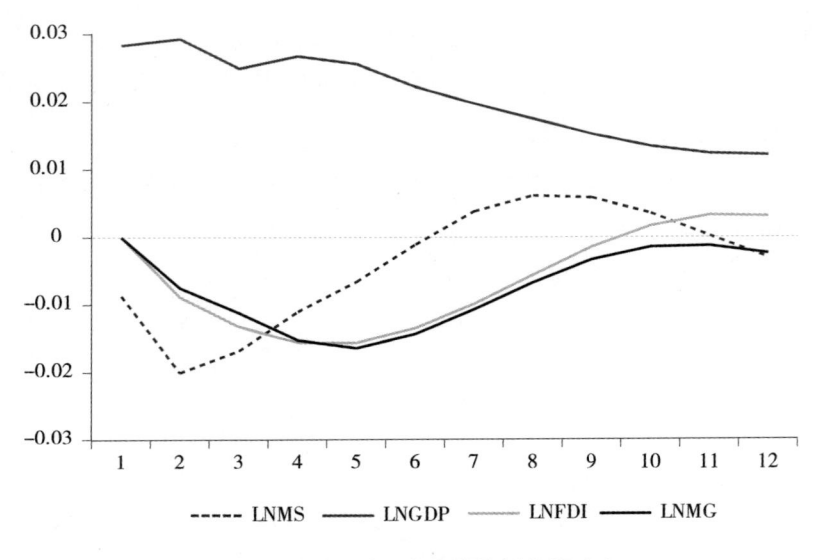

图 7　LNGDP 对一个标准差新息的响应

这说明了尽管近年来香港和内地的经贸往来日益密切，但香港输入内地的服务贸易不只受内地 GDP 的影响，内地 GDP 的发展也会影响到香港输入内地的服务贸易，然而两个经济体相互间的服务贸易影响起伏较大，持久性不足。

综上所述，随着内地经济的增长，内地与香港的服务贸易呈现出贸易创造效应，但是近年来受到国际经贸的影响，香港输入内地的服务贸易增长的持久性并不强，同时香港输入内地的服务贸易额也呈现出与内地经济发展不相符的波动。数据显示香港输入内地的服务贸易增速为负值（2015 年、2016 年增速分别为 -0.43% 和 -0.59%），这种贸易创造效应在区域内服务贸易上呈现减弱的趋势。这可以从以下方面进行解释：（1）非关税贸易壁垒的降低，加快了港资企业对内地的投资，市场竞争加剧迫使内地服务业优化资源配置，随着内地和香港比较优势的变化，双方在某些服务贸易领域存在竞争关系；(2) CEPA 实施促进了香港与内地服务贸易领域的合作，技术外溢等提升了内地服务业的技术水平；(3) 由于 CEPA 新补充协议的签署较慢且内地与其他经济体组成更多的自贸区，原先香港在内地的服务贸易占比呈现下降的趋势，且在部分领域出现替代效应。

五 结论与对策建议

CEPA 实施极大地促进了内地与香港的贸易关系，效果明显，尤其是促进香港金融、保险等服务业输入内地增长迅速，基本上达到了预期目标。实证研究结果也表明，CEPA 对香港服务输出到中国内地具有贸易创造效应。然而从近几年情况看，中国内地与香港的各类贸易发展处于停滞状态，甚至出现下降趋势。因此为继续发挥 CEPA 在促进中国内地与香港服务贸易投资便利化的作用，扭转近年来香港与中国内地贸易发展滞缓甚至下降的趋势，提出以下对策建议。

第一，开放中国内地服务业市场，完善内地市场经济体制建设。首先中国内地应以自贸区为载体，探索完善内地的市场经济体制建设，尤其是开放金融保险等服务业市场，实现服务业贸易投资便利化。再者设立类似原欧共体欧洲理事会的大湾区理事会是推进粤港澳大湾区共同市场建设的重要一环。粤港澳体制不同，协调相对困难。因此有必要设立权威性更强、约束性更强、执行力更强的、位于粤港澳三方之上的粤港澳湾区理事会（类似原欧共体欧洲理事会）。

第二，积极发展两地间离岸贸易。鉴于中国内地与香港属于不同的关税区，两地间货物不能像同一个关税区内运送便利，且中国内地的港口基础设施和服务已经完全满足国际贸易的需求。香港已经连续 24 年成为世界上最自由的经济体，与全球具有广泛的贸易和金融联系，积极开展两地间的离岸贸易已经具备条件，这也是近年来两地间离岸贸易赶上转口贸易的原因所在。这样既能发挥香港的国际贸易中心功能，又能促进内地贸易的发展，以及推动相关产业的发展。

参考文献

[1] 冯邦彦、胡娟红：《CEPA框架下香港与中国内地的贸易创造——基于1997—2010年贸易关联面板数据》，《国际经贸探索》2013年第3期。

[2] 韩永辉、张帆：《粤港澳大湾区的区域协同发展研究——基于供给侧结构性改革视角的分析》，《治理现代化研究》2018年第6期。

[3] 卢仁祥：《服务贸易与货物贸易互动关系研究》，上海社会科学院，2011年。

[4] 毛艳华、肖延兵：《CEPA十年来内地与香港服务贸易开放效应评析》，《中山大学学报》（社会科学版）2013年第6期。

[5] 覃成林、蒋浩杰：《CEPA促进了香港服务业发展吗》，《港澳研究》2017年第3期。

[6] 王鹏：《内地与香港双边贸易流量与潜力研究——基于贸易引力模型的实证分析》，《当代财经》2008年第3期。

[7] 席艳乐、陈小鸿：《CEPA对中国内地和香港贸易效应的实证研究——基于倍差和泊松极大似然估计的方法》，《经济问题探索》2014年第11期。

[8] 闫琛：《CEPA对香港到内地服务贸易输出的影响研究》，暨南大学，2016年。

[9] 姚星：《服务贸易促进经济增长的机制研究》，西南财经大学，2009年。

[10] 张光南、邱杰宏、陈坤铭：《中国内地和中国香港的贸易自由化效应研究——基于全球贸易分析模型GTAP的分析》，《国际贸易问题》2011年第9期。

[11] 张婕、许振燕：《CEPA贸易创造与贸易转移效应的实证分析》，《亚太经济》2007年第1期。

[12] 张应武、朱亭瑜：《CEPA促进了香港与内地的服务贸易吗》，《国

际经贸探索》2015 年第 2 期。

[13] 赵文涛：《粤港贸易自由化、投资便利化政策效应研究》，大连理工大学，2017 年。

[14] 左连村、陈德宁、黄耀婷：《中国内地自由贸易区的开放措施与 CEPA 开放措施的协调性研究》，《华南师范大学学报》（社会科学版）2014 年第 5 期。

Has the Implementation of CEPA Achieved the Desired Results？
By the Data Analysis of Trade between
Mainland China and HongKong

YUAN Qunhua   LI Suyang   ZHOU Xiaojun

Abstract：On the basis of introducing the trade classification and their relations, this paper summarizes the literature views on the trade effect between the mainland and HongKong since the implementation of CEPA, and on the relations between HongKong's trade and the development of the mainland's economy. It analyzes and compares the implementation of the CEPA and before the implementation. In particular, the trade in services such as finance and insurance has shown a rapid growth compared with the implementation of CEPA. After the analysis of the trade relations between China and HongKong, the creation effect of the service trade between China and HongKong after the implementation of CEPA is calculated, and the conclusion is that it has the effect of trade creation. It is concluded that the implementation of CEPA has greatly promoted the trade relationship between the mainland and HongKong. The effect is obvious and basically achieved the expected goal. However, in recent years, the development of trade between mainland China and HongKong has been stagnant or even declining. In order to reverse this trend, this paper puts forward countermeasures and suggestions for opening up the service market in the mainland of China and actively developing offshore trade between HongKong and China.

Keywords: CEPA; Effect; HongKong; Trade

广东省产业间碳排放流动网络特征及效应研究[*]

周 迪 徐榕鑫[①]

摘 要：本文根据 2012 年广东省各产业能源消耗量数据以及投入产出表相关数据，构建产业间碳流动关系矩阵，并运用社会网络分析的方法对广东省产业间碳排放流动网络关联结构进行分析。研究发现：第一，广东省产业间碳排放存在复杂的网状流动关系，网络结构具有低密度低关联度的特点，且多为单向流动；第二，制造业是核心产业类型；交通运输、仓储及邮政业，电力、热力生产和供应业既是核心又是中介，对其他行业的碳排放具有很强的控制和支配作用，是碳流动网络中两个最重要的产业；第三，根据各产业在碳流动体系中的特征分为 4 个板块，分别为"主受益板块""净受益板块""孤立板块"和"净溢出板块"。其中"净受益板块"的产业对其他产业碳排放具有较强的拉动作用，"净溢出板块"自身碳排放量较大，是减排需要重点关注的两个板块；第四，各产业在碳流动网络中的点度中心度、中介中心度、入接近中心度与该产业的完全碳排放呈现正相关关系，通过降低相应碳流动网络指标

---

[*] 本文得到广东省自然科学基金项目"公平与效率协调视角下的广东省工业碳减排潜力及减排路径研究"（2018A030310044）资助。

[①] 周迪，广东外语外贸大学数学与统计学院讲师、经济学博士；徐榕鑫，广东外语外贸大学经济贸易学院本科生。

能实现对碳排放的调控，为产业结构调整和技术革新提供了新方向。

关键词：碳排放；产业间流动；社会网络分析

一 引言

伴随着全球变暖的危机日益严重，低碳减排成为建设生态文明的重中之重。2015 年巴黎气候大会上，中国政府承诺将于 2030 年达到二氧化碳排放量峰值，单位 GDP 二氧化碳排放量较 2005 年下降 60%—65%。2017 年，党的十九大报告明确提出建立低碳循环的经济体系，以落实减排承诺。然而，由于产业间存在关联关系，碳排放具有复杂的流动关系。减排目标的实现不仅应考虑各产业自身碳排放情况，还需要充分考虑产业间的碳流动。在此背景下，深入探究碳排放的流动具有什么特征，具有重大的现实意义。

为此，国内外学者对碳排放流动进行了大量的研究。基于碳排放空间关联的角度，潘安（2007）根据投入产出表，从区域间贸易和对外贸易两个方面进行考察，解释中国不同省份碳排放流动的地位差异和原因；Sun 等（2014）通过实证分析，将中国省际间碳排放流动分为四种模式，并分析了碳排放的流动对不同省份的影响；孙立成等（2014）分析了省际间碳排放的转移并对其经济溢出效应进行研究；Shen 等（2017）根据贸易包含隐含碳，分析了中国与美国的碳排放流动关系；王安静等（2017）运用多区域投入产出模型测算各省份二氧化碳的排放量，并进一步研究省际间碳转移；周葵等和毛运意（2017）运用反事实构造法，根据时序数据和截面数据来分析对外贸易中出口隐含碳的变化趋势；黄蕊等（2017）采用多区域投入产出模型，分析江苏省与其他省份的碳流动关系；赵荣钦等（2010）测算了不同产业空间碳排放与碳足迹，并通过各省份的对比给出政策建议；肖雁飞等（2014）运用区域间投入产出模型（IRIO）测算了中国不同区域间的碳转移；张德钢（2017）采用改进的引力模型来构建中国省际间碳排放流动的关系网络，系统地描述了省际间碳流动的关系。基于碳排放产业关联的角度，张智慧和刘瑞劲（2013）提出碳排放拉动系数，分析建筑业对其他产业的碳排放的拉动作用，但并未分析其他产业的碳排放流动关系；杨顺顺（2015）采用双比例平衡法（RAS）对中国23个工业部门的碳转移进行核算及预测；曹俊文（2011）根据江西省的产业部门碳排放特征进行分类，并提出减排建议，但并未具体分析产业间碳流动的关系。

可见，从对象上看，现有关于中国碳流动的研究较多从省际层次出发，研究区域碳排放流动，对产业间碳流动的研究相对较少，省内产业间碳排放流动的研究则更少。然而，由于各省份产业结构比例、经济发展状况不同，全国产业间碳排放流动的特征并不完全适用于特定省份。因此，系统分析省内各产业间碳排放流动特征是实现各省份减排目标必不可少的理论基础。从方法上看，社会网络分析（Social Network Analysis, SNA）是基于关系型数据分析网络关系结构及其属性的研究范式，是全局性分析碳排放流动的优选研究方法。但现有研究往往仅对碳流动关系特征进行描述，并没有深入探究网络结构特征对碳排放的影响，缺乏进一步的关联网络效应分析。

为此，本文采用SNA方法对广东省产业碳排放关联网络特征进行分析，通过块模型（Blocking Modeling）和模体分析（Motifs Analysis）考察碳流动模式，并分析网络结构特征对完全碳排放的影响。广东是中国碳排放大省，对广东省产业间排放网络特征的测度和解释将为广东省制定具体准确的减排政策提供理论依据，并对其他省份进行产业间碳流动研究具有一定的借鉴意义。

二 研究设计

（一）理论逻辑框架

由于产业之间具有经济关联性，产业的生产消费活动可能会对另一个产业的生产消费活动造成影响；相应的，某一产业的活动可能对其他产业的碳排放具有拉动作用，造成间接碳排放，即碳排放具有产业关联关系。

投入产出理论认为经济是一个有机的整体，生产是一个循环的过程且总投入等于总产出，产业之间存在互相依存的关系，各产业间通过"投入—产出"的数量关系形成关联关系。产业间联系的纽带分为5种，这5种纽带构成了产业间联系的实质性内容。第一种是产品、劳务联系，即社会再生产过程中某一产业部门向另一部门提供产品或劳务，或者产业间互相提供产品或劳务，这是产业间最基本的联系；第二种是生产技术联系，即产业部门并不是被动地接受其他产业提供的产品或劳务，而会根据本产业的生产技术对所需相关产品或劳务的产业提出要求；第三种是产业间的价格联系，实质上即产业间产品和劳务联系的价值量的货币体现；第四种是劳动就业关系，即某一产业的发展会带动相关产业的发展，进而带来相关就业岗位的增加，这也是投资乘数在就业中的体现；第五种是投资联系，即某一产业的发展必须通过相关产业的发展来实现，这种发展的协调性使得产业间必然存在投资联系（苏东水，2000）。

杨灿和郑正喜（2014）通过加权和不加权两种产业关联测算方法对中国各产业关联系数进行测度，结果表明产业间具有显著的关联关系。由于产业的活动会直接或间接产生碳排放，产业关联间接导致了产业间碳排放存在关联关系。赵巧芝和闫庆友（2017）基于投入产出数据对中国30个产业的碳排放进行测算，发现各个产业间接碳排放量均为正数，证实了中国各产业间存在碳流动。

基于上述分析可见，碳排放存在产业关联，这为本文的后续研究提供了理论基础。本文以各产业的直接碳排放、间接碳排放和完全碳排放为研究对象，运用社会网络分析的方法构建广东省各产业间碳排放流动的网络，并结合块模型及微观交互模型，研究广东省产业间碳流动网络的整体特征、各产业在碳流动网络的地位以及网络结构特征的影响效应。

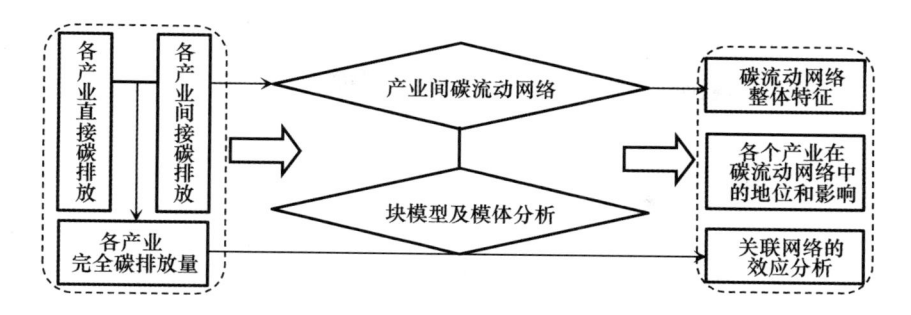

图 1 理论逻辑框架

(二) 方法介绍

本文借鉴已有研究，基于投入产出法计算广东省各产业碳排放情况，构建产业间碳流动网络，运用 UCINET 软件中 CONCOR 模块根据碳流动特征对产业进行聚类，并通过模体分析的方法从微观交互模型的角度探究流动网络的结构。

1. 碳排放情况分析

投入产出分析法计算间接碳排放量的常用方法，本文参照张智慧和刘瑞劲 (2013) 计算建筑业碳排放情况的方法，基于能源消耗表和投入产出分析计算各产业碳排放情况。

（1）直接碳排放

产业的直接碳排放是指该产业直接消耗能源所排放的二氧化碳。在其他条件不变的情况下，产业所消耗的能源越多，直接碳排放量越大。产业的直接碳排放公式如下：

$$A_j = \rho E_j \tag{1}$$

其中，ρ 为能源消耗排放因子，由 1994 年中国国家温室气体清单的数据得 $\rho = 2.277$，即每消耗 1 单位标准煤排放 2.277 单位的二氧化碳；E_j 为标准煤的消耗量。

（2）间接碳排放

由于产业之间存在关联关系，某一产业拉动了其他产业对能源的消耗，进而造成了间接能源消耗和碳排放。间接碳排放是该产业对其他各个产业碳排放拉动量之和。间接碳排放是产业间碳流动的本质，多数产业存在间接碳排放使得碳流动呈现复杂的多边关系。产业间碳排放拉动量公式如下：

$$B_j = (A_j/X_j) \cdot (X_i \cdot y_j) \tag{2}$$

则 i 行业的间接碳排放公式为：

$$B = \sum (A_j/X_j) \cdot (X_i \cdot y_j) \tag{3}$$

其中，B_j 为 i 产业对 j 产业碳排放的拉动量；A_j 为 j 产业的直接碳排放，由（1）式得到；X_j、X_i 分别为 j 产业和 i 产业的总产值（万元）；y_j 为 i 产业对 j 产业的完全消耗系数。(A_j/X_j) 表示 j 产业单位产出的直接排放量，$(X_i \cdot y_j)$ $(X_i y_j)$ 表示 i 产业对 j 产业产出的拉动量。

（3）完全碳排放

完全碳排放又称关联碳排放，是指与产业相关联的碳排放总量，即该产业直接碳排放和间接碳排放之和。公式如下：

$$C = A + B = \rho \cdot E + \sum (A_j/X_j) \cdot (X_i \cdot y_j) \tag{4}$$

2. 产业间碳流动网络

（1）产业间碳流动关系矩阵

结合投入产出表与（2）式，可以得到各个产业部门之间的碳排放拉动量。以行作为碳排放流出产业，列作为碳排放流入产业，构建一个产业间碳排放流动矩阵，其元素 B_{ij} 即为 i 产业对 j 产业的碳排放拉动量。为将该矩阵转化为0—1矩阵，本文以 B_{ij} 的算术平均数作为临界值，当 B_{ij} 高于这一临界值时记为1，表示该行产业对该列产业碳排放存在关联关系；当 B_{ij} 小于这一临界值时记为0，表示该行产业对该列产业碳排放不存在关联关系。此方法所得的碳排放关联是近似估计的关联关系，本文的重点为产业之间碳流动是否显著存在的角度来探究产业间碳流动的整体特征以及各产业在碳流动网络中的地位及影响。

（2）整体网络特征分析

整体网络特征分析常用的指标有网络密度、网络关联度、网络效率、网络等级度等。本文将选取网络密度和网络关联度两个指标对网络特征进行刻画。

网络密度是最常见的整体网络分析指标,是指网络中节点相互连边的密集程度。网络密度越高,意味着网络关联越紧密。网络密度可用以下公式表示:

$$D_{en} = \frac{N_0}{N(N-1)} \quad (5)$$

其中,N_0 为整个网络中实际拥有的网络数;N 为网络规模,即网络节点数量;$N(N-1)$ 为整个网络可能存在的最大关系数量。网络密度的取值范围为[0,1],其值为 0 时表示网络不存在关联关系,为 1 时表示任意两个节点间存在关联关系。

网络关联度是刻画网络通达程度的指标,网络中相互不可达的节点对越少,则网络关联度越高。其公式如下:

$$CN = 1 - \frac{V}{N(N-1)/2} \quad (6)$$

其中,V 表示相互不可达的节点对的对数;N 为网络规模。网络关联度的取值范围为[0,1],其值为 0 时表示任意节点对均互相不可达,即网络不存在关联关系;为 1 时表示网络中不存在互相不可达的节点对,通达程度达到最大值。

3. 各节点网络特征分析

社会网络分析中,描述各节点网络特征的常用指标为点度中心度(Degree)、中介中心度(Betweenness)和接近中心度(Closeness)。

点度中心度测量的是节点处于中心地位的程度。在有向网络中,其可用公式表示为:

$$C_{AD}(n_i) = \sum_j (x_{ij} + x_{ji}) \quad (7)$$

(7)式表示绝对点度中心度,为消除网络规模的影响,本文采用相对点度中心度作为衡量指标,其公式如下:

$$C_{RD}(n_i) = \frac{\sum_j (x_{ij} + x_{ji})}{2(N-1)} \quad (8)$$

其中,x_{ij} 和 x_{ji} 分别表示从 i 产业到 j 产业的关联和从 j 产业到 i 产业的关联,当关联存在时取值为 1,当关联不存在时取值为 0;N 为网络规模。

中介中心度表示节点控制其他节点之间关联的程度，中介中心度越高意味着该节点对其他节点之间关联起着越重要的桥梁作用。其公式如下：

$$C_B(i) = \sum_{j<k} g_{jk}(i)/g_{jk} \tag{9}$$

其中，g_{jk} 表示节点 j 与节点 k 的捷径数目，$g_{jk}(i)$ 表示节点 j 与节点 k 的捷径中经过节点 i 的数目。

接近中心度表示节点不受其他节点控制的程度，接近中心度越高，节点越不容易受到其他节点的影响。其公式为：

$$C_{Ci} = \sum_{j=1}^{n} d_{ij} \tag{10}$$

其中，d_{ij} 是节点 i 与节点 j 中所含的连线数，即捷径距离。在有向网络中，若 d_{ij} 表示从节点 i 到节点 j 所含连线数，则为节点 i 的入接近中心度（inCloseness）；若 d_{ij} 表示所含连线为从节点 j 到节点 i 所含连线数，则为节点 i 的出接近中心度（outCloseness）。

4. 块模型和模体分析

块模型是将根据各节点在网络中的地位进行聚类的分析方法，刻画广东省产业间碳流动网络的内部结构特征。本文将网络中各产业分为四种类型的板块。第一种为"主收益板块"，其板块内部关系比例较高，且接受板块外的关系数大于向板块外发出的关系数；第二种为"净收益板块"，其板块内部关系比例高，且接受板块外的关系数远大于向板块外的溢出数；第三种为"孤立板块"，此类板块的产业与其他产业不存在密切的关联关系，故产业间碳转移少，板块内外的关系数均较少；第四种为"净溢出板块"，该板块内部关系比例低，且向板块外发出的关系数远大于其接受其他板块的关系数。

模体分析是采用 UCINET 中的 TRIAD CENSUS 模块将整体的网络结构细分为 16 种交互方式不同的三元组节点的分析方法，从局部的角度展现网络结构，是连接微观的节点特征与宏观的网络结构整体特征的桥梁。

（三）数据来源及数据处理

本文所使用的数据均为 2012 年的截面数据，各产业能源消耗数据取自《广东统计年鉴2012》，各产业总产值及完全消耗系取自《2012年139部门广东省投入产出表》。为使产业部门的分类口径一致，本文将139个部门合并为42个产业，合并后广东省产业分类如表1所示。

表1　　　　　　　　　　广东省产业类型

产业编号	产业类型	产业编号	产业类型
1	农林牧渔业	22	化学纤维制品
2	煤炭采选产品	23	橡胶和塑料制品业
3	石油和天然气开采产品	24	非金属矿业制品业
4	黑色金属矿采选产品	25	黑色金属冶炼及压延加工业
5	有色金属矿采选产品	26	有色金属冶炼及压延加工业
6	非金属矿采选产品	27	金属制品
7	农副食品加工品	28	通用设备制造业
8	食品制造业	29	专用设备制造业
9	酒、饮料和精制茶制造业	30	汽车制造业
10	烟草制品	31	铁路、船舶、航空航天和其他
11	纺织业	32	电气机械及器材制造业
12	纺织服装服饰	33	通信设备、计算机及其他电子
13	皮革、毛皮、羽毛及其制品	34	仪器仪表
14	木材加工品和木、竹、藤、棕、草制品	35	其他制造产品
15	家具	36	废弃资源和废旧材料回收加工品
16	造纸和纸制品	37	金属制品、机械和设备修理服务
17	印刷品和记录媒介复制品	38	电力、热力生产和供应
18	文教、工美、体育和娱乐用品	39	燃气生产和供应
19	石油加工、炼焦及核燃料加工业	40	水的生产和供应
20	化学原料及化学制品制造业	41	建筑业
21	医药制品	42	交通运输、仓储及邮政业

三 广东省产业间碳流动的实证分析

（一）广东省产业间碳流动整体特征：

本文基于投入产出分析和能源消耗表，计算得出各产业间碳流动关系并建立关系矩阵。为更直观地展现产业间碳流动的特征，本文利用UCINET 中的 NETDRAW 模块将关系矩阵可视化，绘制出广东省产业间碳流动网络图（见图2）。

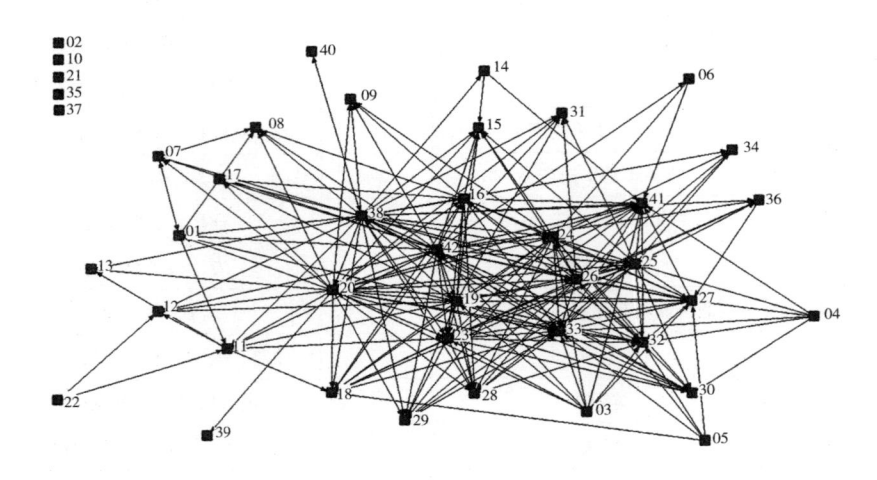

图2 广东省产业间碳排放流动网络

由图2可见，碳排放在广东省产业间的流动呈现显著的网络结构形态，仅有5个产业是孤立的节点，其余37个产业的碳排放存在显著的关联关系。

经计算可得，网络中关联关系数为233个，网络密度为0.1353。相比网络密度的上限1，该网络节点相互连边密集程度较低；网络关联度为0.4495，相对于中国30个产业碳流动网络的关联度为1（赵巧芝、闫庆友，2017），广东省产业间碳流动网络通达性较低。这表明广东省产业间碳流动网络中集中大量关系的产业数量较少，网络整体结构既具有一定的关联性又具有较高的稳健性,排除掉某一产业难以直接导致整体网络崩溃。

为进一步研究广东省各产业的对其他产业碳排放的影响力,本文计算 2012 年广东省上述 42 个产业的碳排放情况及间接碳排放比例,具体如表 2 所示。

表 2　　　　　　　　各产业碳排放情况

产业编号	产业类型	直接碳排放（万吨）	完全碳排放（万吨）	间接碳排放比例（%）
18	文教、工美、体育和娱乐用品	428.411	5366.855	92.02
28	通用设备制造业	407.376	3979.919	89.76
32	电气机械及器材制造业	1384.885	12735.937	89.13
36	废弃资源和废旧材料回收加工品	85.721	770.157	88.87
15	家具	219.775	1947.856	88.72
41	建筑业	1629.092	13889.886	88.27
30	汽车制造业	439.085	3376.059	86.99
27	金属制品	1158.912	8549.695	86.44
17	印刷品和记录媒介复制品	244.995	1643.853	85.10
31	铁路、船舶、航空航天和其他	229.521	1498.528	84.68
29	专用设备制造业	350.471	2226.147	84.26
34	仪器仪表	137.26	821.922	83.30
37	金属制品、机械和设备修理服务	23.248	139.063	83.28
33	通信设备、计算机及其他电子	2694.465	15819.213	82.97
12	纺织服装服饰	782.105	3971.463	80.31
9	酒、饮料和精制茶制造业	238.311	1019.715	76.63
35	其他制造产品	105.582	419.29	74.82
23	橡胶和塑料制品业	1533.847	5777.096	73.45
8	食品制造业	347.744	1254.527	72.28
39	燃气生产和供应	144.542	463.692	68.83
5	有色金属矿采选产品	34.581	92.95	62.80
6	非金属矿采选产品	168.754	428.582	60.63
1	农林牧渔业	1055.584	2431.224	56.58

续表

产业编号	产业类型	直接碳排放（万吨）	完全碳排放（万吨）	间接碳排放比例（%）
21	医药制品	330.982	759.455	56.42
13	皮革、毛皮、羽毛及其制品	467.782	1060.132	55.88
7	农副食品加工品	969.774	2058.645	52.89
10	烟草制品	29.847	62.921	52.56
14	木材加工品和木、竹、藤、棕、草制品	345.607	722.344	52.15
20	化学原料及化学制品制造业	2866.309	5949.926	51.83
26	有色金属冶炼及压延加工业	1568.158	3075.829	49.02
22	化学纤维制品	143.975	281.548	48.86
11	纺织业	1707.317	3254.716	47.54
25	黑色金属冶炼及压延加工业	2897.639	5291.297	45.24
4	黑色金属矿采选产品	155.911	274.976	43.30
40	水的生产和供应	316.871	538.666	41.17
16	造纸和纸制品	2366.18	3759.742	37.07
19	石油加工、炼焦及核燃料加工业	3278.995	4808.831	31.81
42	交通运输、仓储及邮政业	6719.3	9575.95	29.83
24	非金属矿业制品业	7816.446	10662.391	26.69
3	石油和天然气开采产品	228.257	309.944	26.36
38	电力、热力生产和供应	5264.926	6084.955	13.48
2	煤炭采选产品	0.694	0.694	0.00

由表2可见，42个产业中有41个产业存在间接碳排放，15个产业间接碳排放比例在80%以上，29个产业间接碳排放比例高于50%，仅有2个产业间接碳排放比例低于20%，这表明广东省产业间存在普遍的碳排放拉动作用，且间接碳排放的影响不容忽视。

(二) 中心性分析

为分析广东省各产业在碳排放流动网络中的地位和影响，本文分别对各产业的点度中心度、中介中心度以及接近中心度进行测度，结果如

表3所示。

表3　　　　各产业中心度测度结果

产业编号	点出度	点入度	点度中心度（%）	排序	中介中心度	排序	入接近中心度	排序	出接近中心度	排序
1	3	5	9.76	21	30.45	9	5.074	26	8.419	23
2	0	0	0	38	0	15	2.381	34	2.381	26
3	9	0	10.98	19	0	15	2.381	34	10.38	1
4	6	0	7.32	23	0	15	2.381	34	9.903	4
5	5	0	6.10	28	0	15	2.381	34	9.927	3
6	2	1	3.66	32	0	15	4.982	32	8.972	17
7	2	4	7.32	23	0	15	5.068	27	7.93	24
8	0	6	7.32	23	0	15	5.346	7	2.381	26
9	0	5	6.10	28	0	15	5.311	9	2.381	26
10	0	0	0	38	0	15	2.381	34	2.381	26
11	4	6	12.20	16	91.333	5	5.1	22	8.836	18
12	0	6	7.32	23	0	15	5.359	5	2.381	26
13	0	3	3.66	32	0	15	5.304	10	2.381	26
14	2	1	3.66	32	0	15	5.106	21	2.5	25
15	0	9	10.98	19	0	15	5.655	2	2.381	26
16	13	6	23.17	10	14.217	11	5.087	24	9.404	11
17	0	5	6.10	28	0	15	5.304	10	2.381	26
18	0	12	14.63	14	0	15	5.459	3	2.381	26
19	22	4	31.71	4	12.083	12	5.037	29	9.762	7
20	26	9	42.68	1	135.595	3	5.119	19	9.809	6
21	0	0	0	38	0	15	2.381	34	2.381	26
22	2	0	2.44	35	0	15	2.381	34	9.031	15
23	10	11	25.61	9	117.317	4	5.151	15	9.339	13
24	16	9	30.49	5	39.012	8	5.093	23	9.579	9
25	16	8	29.27	6	42.536	7	5.087	24	9.579	9
26	18	6	29.27	6	24.819	10	5.062	28	9.624	8
27	3	13	19.51	12	1.25	13	5.151	15	8.798	19
28	2	10	14.63	14	0	15	5.151	15	8.761	20

续表

产业编号	点出度	点入度	点度中心度（%）	排序	中介中心度	排序	入接近中心度	排序	出接近中心度	排序
29	1	9	12.20	16	0	15	5.144	18	8.742	22
30	0	10	12.20	16	0	15	5.423	4	2.381	26
31	0	6	7.32	23	0	15	5.332	8	2.381	26
32	2	15	20.73	11	0.75	14	5.183	14	8.761	20
33	8	16	29.27	6	154.826	2	5.19	13	9.361	12
34	0	5	6.10	28	0	15	5.359	5	2.381	26
35	0	0	0	38	0	15	2.381	34	2.381	26
36	3	4	8.54	22	0	15	5.018	30	8.991	16
37	0	0	0	38	0	15	2.381	34	2.381	26
38	30	3	40.24	3	78.633	6	4.994	31	9.951	2
39	0	1	1.22	37	0	15	5.236	12	2.381	26
40	1	1	2.44	35	0	15	4.864	33	9.255	14
41	0	16	19.51	12	0	15	5.775	1	2.381	26
42	27	8	42.68	1	212.179	1	5.112	20	9.88	5
平均值	5.548	5.548	13.53	—	22.738	—	4.597	—	6.333	—

1. 点度中心度

广东省42个产业点度中心度均值为13.53%，高于此均值的产业共计15个。点度中心度排名前3位的产业从高到低依次是化学原料及化学制品制造业，交通运输、仓储及邮政业，电力、热力生产和供应业。这是因为这3个产业具有较强的前向关联效应和后向关联效应，在产业关联的处于中心地位。排名4—10的产业依次为石油加工、炼焦及核燃料加工业，非金属矿业制品业，黑色金属冶炼及压延加工业，有色金属冶炼及压延加工业，通信设备、计算机及其他电子，橡胶和塑料制品业，造纸和纸制品业。在点度中心度排名前10的产业中，有7个产业属于制造业，可见制造业在广东省产业间碳流动网络中具有巨大的影响力，为核心产业类型。同时，点度中心度排名后5位的产业分别为煤炭采选产品业，烟草制品业，医药制品业，仪器仪表，金属制品、机械和设备修理服务业。由表1可知,这5个产业完全碳排放量较低,因此对其他产业的碳排放量影响较小,这与刘华军(2016)研究全国行业的结论一致。

42个产业平均点出度为5.548,点出度高于平均值的产业有石油和天然气开采产品业、黑色金属矿采选产品、造纸和纸制品业等12个行业,这些产业多为基础产业,点出度较大意味着对其他产业存在较多的碳排放溢出;42个产业平均点入度为5.548,点入度高于平均值的产业有非金属矿业制品业、黑色金属冶炼及压延加工业、有色金属冶炼及压延加工业等20个产业,其中通信设备、电子及其他电子业,家具业,汽车制造业等14个产业,这些产业点入度不仅高于平均水平,且高于自身点出度,说明这些产业对其他具有较强的碳排放拉动作用。

2. 中介中心度

广东省42个产业的中介中心度平均值为22.738,共有10个产业中介中心度高于平均值,按从高到低的顺序依次为交通运输、仓储及邮政业,通信设备、计算机及其他电子业,化学原料及化学制品制造业,橡胶和塑料制品业,纺织业,电力、热力生产和供应业,黑色金属冶炼及压延加工业,非金属矿业制品业,农林牧渔业,有色金属冶炼及压延加工业。经计算可得,这10个产业的中介中心度之和占42个产业中介中心度总量的97.04%,说明这些产业对广东省碳流动具有非常强的支配作用,其他产业之间的碳流动大量基于这10个产业的桥梁作用来实现。其中交通运输、仓储及服务业的中介中心度高达212.179,是广东省产业间碳流动最重要的中介。

3. 接近中心度

由于广东省产业间碳流动网络为有向网络,本文从入接近中心度和出接近中心度两个角度对产业在碳流动网络中的地位进行研究。入接近中心度是指其他点到达该点的难易程度,入接近中心度越高,表明产业接受其他产业碳溢出越容易,体现了整合力;出接近中心度是指该点到达其他点的难易程度。出接近中心度越高,表明产业向其他产业溢出碳排放越容易,体现了辐射力。

由表3可知入接近中心度的平均值为4.597,低于该平均值的仅有煤炭采选产品业、石油和天然气开采产品业、黑色金属矿采选产品业等 8 个产业，且 8 个产业入接近中心度均为 2.381，排名并列最后一位；而出接近中心度的平均值为 6.333，低于该平均值的有食品制造业，酒、饮料和精制茶制造业，烟草制品业等 16 个行业，且 16 个行业出接近中心度均 2.381，排名并列最后一位。

通过对比入接近中心度和出接近中心度，可见直接从地球开采资源的第一产业，如石油和天然气开采产品业、黑色金属矿采选产品业、有色金属矿采选产品业等，具有入接近中心度低而出接近中心度高的特点，在碳流动网络中具有强辐射力而整合力弱，碳排放溢出；而处于产业链中下游的产业，如家具业，文教、工美、体育及娱乐用品业，建筑业等，具有入接近中心度高而出接近中心度低的特点，在碳流动网络中具有强整合力而辐射力弱，碳排放大量流入。

（三）块模型和微观交互模式

1. 块模型分析

本文通过块模型来探究广东省产业间碳流动网络的聚类特征，运用 UCINET 中 CONCOR 方法，参照周迪（2016）和刘华军等（2015）的做法，最大分割深度取值为 2，集中标准取值为 0.2，将 42 个产业分为四个板块，如表 4 所示。

表 4　　　　　　　各产业在碳流动网络中的聚类情况

第一板块		第二板块		第三板块		第四板块	
产品编号	产业类型	产业编号	产业类型	产业编号	产业类型	产业编号	产业类型
1	农林牧渔业	15	家具	2	煤炭采选产品	3	石油和天然气开采产品
7	农副食品加工品	18	文教、工美、体育和娱乐用品	10	烟草制品	4	黑色金属矿采选产品

续表

第一板块		第二板块		第三板块		第四板块	
产品编号	产业类型	产业编号	产业类型	产业编号	产业类型	产业编号	产业类型
8	食品制造业	23	橡胶和塑料制品业	21	医药制品	5	有色金属矿采选产品
9	酒、饮料和精制茶制造业	27	金属制品	22	化学纤维制品	6	非金属矿采选产品
11	纺织业	28	通用设备制造业	35	其他制造产品	16	造纸和纸制品
12	纺织服装服饰	29	专用设备制造业	37	金属制品、机械和设备修理服务	19	石油加工、炼焦和核燃料加工业
13	皮革、毛皮、羽毛及其制品	30	汽车制造业			20	化学原料及化学制品制造业
14	木材加工品和木、竹、藤、棕、草制品	31	铁路、船舶、航空航天和其他			24	非金属矿业制品业
17	印刷品和记录媒介复制品	32	电气机械及器材制造业			25	黑色金属冶炼及压延加工业
39	燃气生产和供应	33	通信设备、计算机及其他电子			26	有色金属冶炼及压延加工业
40	水的生产和供应	34	仪器仪表			38	电力、热力生产和供应
		36	废弃资源和废旧材料回收加工品			42	交通运输、仓储及邮政业

由表 4 可见，第一板块包括农林牧渔业、农副食品加工品业、食品制造业等 11 个产业，这些产业的完全碳排放量排位集中于 14—33 这一区间，以处于产业链中上游的非高碳排放产业为主体；第二板块

包括家具业、金属制品业、建筑业等 13 个产业,以高碳排放的下游产业为主体;第三板块包括煤炭采选产品业、烟草制品业、医药制品业等 6 个产业,这些产业完全排放量排位集中于 28—42 这一区间,多数为轻度碳排放产业;第四个板块包括石油和天然气开采产品业、黑色金属矿采选产品业、有色金属矿采选产品业等 12 个产业,以基础设施构建、原材料开采及原材料加工,且处于产业链中上游的高碳排放产业为主体。

本文将进一步探究 4 个板块在广东省产业间碳流动关系网络中的地位和板块之间的关联关系。为更好地展示板块之间的溢出关系,板块之间的关联关系如表 5 所示。

表 5　　　　　　　　　碳排放产业关联板块的溢出效应

	接受关系数合计（个） 板块内	接受关系数合计（个） 板块外	发出关系数合计（个） 板块内	发出关系数合计（个） 板块外	期望内部关系（%）	实际内部关系（%）
板块 1	7	36	7	5	24.39	58.333
板块 2	25	111	25	4	29.268	86.207
板块 3	0	0	0	2	12.195	0
板块 4	49	5	49	141	26.829	25.789

根据前文测算,整体网络中关系数总量为 233,而发生于板块内的关系数为 81,发生于板块之间的关系数为 152,可见板块之间的碳排放存在明显的产业关联和溢出效应。其中,第一板块内部关系有 7 个,溢出关系有 5 个,接受其他板块溢出的关系数为 36 个,期望内部关系比例为 24.390%,实际内部关系比例为 58.333%,根据前文定义,该板块为主受益板块;第二板块内部关系有 25 个,溢出关系有 4 个,接受其他板块溢出关系有 111 个,期望内部关系比例为 29.268%,实际内部关系比例为 86.207%,则第二板块为净收益板块;第三板块板块内部关系和接受其他板块溢出关系数均为 0,仅对外溢出了 2 个关联关系,可见第三板块为孤立板块;第四板块内部关

系数为 49 个，溢出关系为 141 个，而接受板块外溢出关系数仅为 5 个，可见第四板块为净溢出板块。

本文根据碳排放关联关系在板间的分布，计算得出碳排放在各个板块的网络密度矩阵，以此来反应碳排放在各个板块间的分布。以整体网络密度 0.1353 作为临界值，板块网络密度大于该值赋值为 1，小于该值赋值为 0，构建板块的像矩阵，以此更清晰地描绘板块间碳流动的关系。各板块的密度矩阵、像矩阵、关系矩阵如表 6 所示。

表 6　　碳排放产业关联板块的密度矩阵、像矩阵和关系矩阵

	板块1	板块2	板块3	板块4	板块1	板块2	板块3	板块4	板块1	板块2	板块3	板块4
板块1	0.064	0.028	0	0.008	0	0	0	0	7	4	0	1
板块2	0	0.16	0	0.026	0	1	0	0	0	25	0	4
板块3	0.03	0	0	0	0	0	0	0	2	0	0	0
板块4	0.258	0.686	0	0.371	1	1	0	1	34	107	0	49

根据像矩阵，可以发现碳排放强度不大的中上游产业构成的第一板块接受第四板块的碳溢出，内部碳流动关联不明显，是碳流动网络的"主要受益者"；下游产业构成的第二板块自身存在碳流动关联，还接受第四板块的碳溢出，并且对其他板块无碳溢出，是碳流动网络的"净收益者"；碳排放强度较小的产业构成的第三板块，由于排放强度小，没有碳排放溢出，也没有接受其他板块的溢出，对其他板块影响较小，是碳流动网络的"孤立者"；以基础设施构建、原料开采及加工的产业构成的第四板块，内部存在碳排放关联，对第一板块和第二板块均有溢出，控制中下游相关产业的能力较强，并且没有接受其他板块溢出，是碳流动网络的"净溢出者"。四个板块关系图如图 3 所示。

2. 微观交互模式

将广东省行业间碳流动网络图进行模体分析（Motifs Analysis），可得到 16 种三元组交互结构及对应频数，具体如表 7 所示。

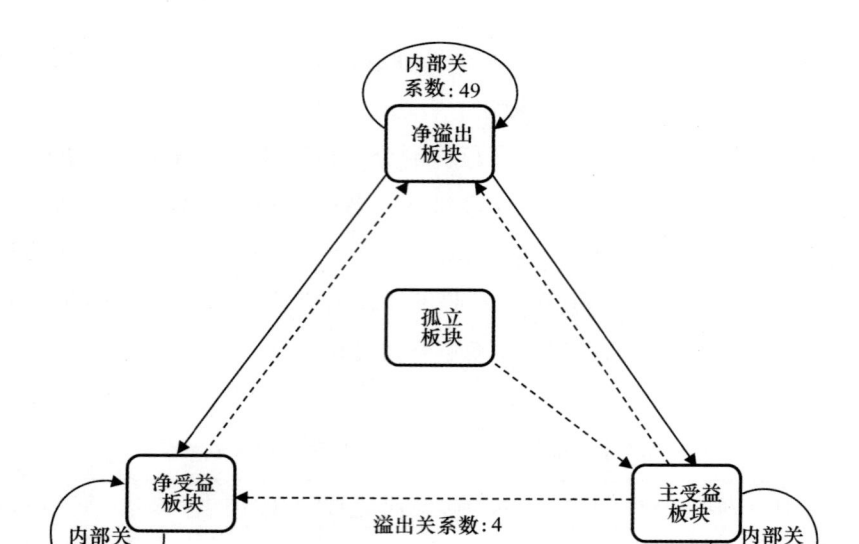

图 3 广东省产业间碳流动关联网络四大板块的关联关系

由表 7 可见，模体 003、模体 012、模体 021D 出现频数远高于其他模体。其中模体 003 出现频数最高，为 5815 次，这可能与广东省产业间碳流动网络存在 5 个完全孤立的产业有关系，同时也说明产业间的碳流动存在需要建立在产业关联的基础上，碳的转移并非存在于任意产业之间；模体 012 出现 3244 次，模体 021D 出现 883 次，分别位列第二、第三位，结合存在双向关系的模体出现的频数（如模体 201 频数为 7、模体 300 频数为 10 等），可见具有单向交互关系的模体相比具有双向交互关系的模体出现频数普遍较高，两个产业间的碳流动以单向流动为主，具有较为显著的单向性，这可能与产业关联中产品的流动多为单向流动有关；此外，在单向流动中，模体 030C 的频数为 0，这说明碳流动存在的起点和终点是不相同的。这可以理解为下游产业的生产活动需要以上游产业的产品作为基础，碳由上游产业转移至下游产业，而由于缺乏相应的由下游产业流到上游产业的产业关联，碳难以再转移至上游产业。

表7 广东省产业间碳流动网络的微观交互模式

模体	频数	模体	频数	模体	频数	模体	频数
003	5815	021U	186	030T	349	120U	198
012	3244	021C	144	030C	0	120C	8
102	337	111D	38	201	7	210	34
021D	883	111U	175	120D	52	300	10

(四) 广东省产业间碳流动关联网络的效应分析

为了深入探究网络结构特征对完全碳排放的影响，本文以 2012 年广东省上述 42 个产业的完全碳排放作为被解释变量，分别以各产业的点度中心度、中介中心度、入接近中心度、出接近中心度作为解释变量，构建 OLS 回归模型，回归分析结果如表 8 所示。

表 8　　　　　　　　个体网络结构效应的估计结果

模型	I	II	III	IV
常数项	374.7	2513.6***	−3382	1319
点度中心度	23125.0***	—	—	—
中介中心度	—	43.5***	—	—
入接近中心度	—	—	1498.0**	—
出接近中心度	—	—	—	345
p-value	1.53E−07	2.80E−04	3.46E−03	5.43E−02
R-squared	0.5019	0.2839	0.1945	0.0895

注：***、**、* 分别表示在 1%、5%、10% 的显著性水平下显著。

由表 8 可见，点度中心度、中介中心度、入接近中心度的回归系数均为正数且均通过 1% 的显著性检验，说明点度中心度、中介中心度、入接近中心度对各产业的完全碳排放具有促进作用；而出接近中心度没有通过 5% 的显著性检验，可以认为出接近中心度对该产业完全碳排放无显著影响，这与出接近中心度体现的辐射性不具有拉动其他产业产生碳排放的特点相符。

点度中心度的回归系数为 23125，即点度中心度每增加 1 会导致该产业的完全碳排放平均增加 23125 万吨，这说明产业在碳流动网络中与其他产业关联数越多，对其他产业碳排放的拉动作用越大，从而导致该产业的间接碳排放增多，进而完全碳排放增多，故点度中心度大的产业完全碳排放大，如化学原料及化学制品制造业等；中介中心度的回归系数为 43.5，即中介中心度每增加 1 会导致该产业的完全碳排放平均增加 43.5

万吨,这可以理解为中介中心度较高的产业对其他产业的碳排放有着较强的支配能力,能够将自身碳排放溢出通过转化为其他产业碳排放溢出,使得其他相关产业的溢出效应增强,故中介中心度大的产业完全碳排放大,如橡胶和塑料制品业,通信设备、计算机及其他电子业;入接近中心度的回归系数为 1498,即入接近中心度每增加 1 会导致该产业完全碳排放平均增加 1498 万吨,这可理解为由于入接近中心度高体现了该产业在碳流动网络中具有较强的整合力。由于大量接受其他产业碳排放溢出效应,因此产业活动将拉动其他产业碳排放增加,产业具有高碳影响力,故入接近中心度大导致产业完全碳排放普遍较高,如建筑业,文教、工美、体育和娱乐用品业等。

本文采用了相对点度中心度进行中心度分析,但由于仅有一个网络,横向比较点度中心度、中介中心度、入接近中心度对完全碳排放的影响时,无须考虑网络规模的大小,故统一采用绝对值指标,因此将相对点度中心度换算成绝对点度中心度。由(7)式、(8)式易得,若采用绝对中心度作为解释变量,则回归系数为 282。对比绝对点度中心度、中介中心度、入接近中心度的回归系数,可见入接近中心度是对产业完全碳排放影响最大的网络结构指标,减排政策的制定应重点关注入接近中心度高的产业。

四 结论及启示

本文基于 2012 年广东省各产业能源消耗量及相关投入产出数据,从网络的角度考察各产业间碳排放流动情况以及各产业在碳排放流动网络中的地位。首先通过测算广东省各产业间碳排放的拉动作用,构建碳流动关系矩阵,采用社会网络分析方法测度广东省产业间碳流动网络的点度中心度、中介中心度、接近中心度等指标;随后,采用块模型分析、模体分析、效应分析的方法来研究不同产业对碳流动的影响以及产业间碳流动的模式。

第一,在广东省产业间的碳流动呈现复杂的关联网络结构,碳排放存在普遍的产业溢出效应,且产业间碳流动以单向流动为主,产业关联是碳转移的基础。在广东省42个产业中，碳流动关系数为233个，除5个产业与其他产业无显著碳流动关系外，大多数产业部门间存在多线程的碳流动关系。此外，该网络具有低密度低通达性、包含单向关系的模体占比高的特点，只有少数产业集中了大量碳流动关系，且并非任何产业间均存在碳流动关系。

第二，在广东省产业间碳流动网络中，制造业是核心的产业类型，交通运输、仓储及邮政业，电力、热力生产和供应业是碳流动网络中最核心的两个产业。点度中心度排名前10的产业中有7个产业属于制造业，可见制造业在广东省产业中具有重要的地位，是对碳流动影响最大的产业类型。其中，交通运输、仓储及邮政业，电力、热力生产和供应业这两个产业的点度中心度及中介中心度均排名前列，对产业间的碳流动具有极强的控制和支配作用，是碳流动网络的核心。

第三，对不同产业在碳流动网络结构中的作用进行聚类分析，可以将42个产业分为"主受益板块""净受益板块""孤立板块"和"净溢出板块"，其中"净受益板块"和"净溢出板块"的产业完全碳排放较大。"净溢出板块"的产业以基础设施构建、原材料开采及原材料加工等相关产业为主体，直接碳排放量较大；"净受益板块"的产业自身直接碳排放强度较小，但却对其他产业具有很强的碳排放拉动作用，属于隐含高碳排放产业。

第四，对网络结构特征的效应分析表明，点度中心度、中介中心度、入接近中心度对产业的完全碳排放均为正相关关系。其中，入接近中心度是完全碳排放最大的影响因子，回归系数达到1498。

基于以上结论，本文得到相关启示：①广东省制定减排政策时应充分发挥核心产业及产业类型的对碳流动网络的控制和支配作用，侧重于对核心产业的调控，如制造业，交通运输、仓储及邮政业，电力、热力生产和供应业等；②广东省制定减排政策时应充分考虑碳排放的产业关联，不能忽视自身直接碳排放强度较低但具有高碳影响力的隐含高碳排放产业，即"净收益板块"产业；③相关部门可以通过调整产业结构或者通过技术革新的手段降低各产业在碳流动网络中的点度中心度、点度中心度和中介中心度，以达到减排的目的。

参考文献

［1］潘安：《对外贸易、区域间贸易与碳排放转移——基于中国地区投入产出表的研究》，《财经研究》2017年第11期。

［2］孙立成、程发新、李群：《区域碳排放空间转移特征及其经济溢出效应》，《中国人口·资源与环境》2014年第8期。

［3］王安静、冯宗宪、孟渤：《中国30省份的碳排放测算以及碳转移研究》，《数量经济技术经济研究》2017年第8期。

［4］周葵、毛运意：《中国出口隐含碳排放影响因素研究——基于反事实法的分析》，《中国人口·资源与环境》2017年第6期。

［5］黄蕊、王铮、钟章奇、孙翊、刘昌新、陆玉麒：《区域贸易隐含碳排放和SO_2排放的投入产出分析——以江苏为例》，《自然资源学报》2017年第5期。

［6］赵荣钦、黄贤金、钟太洋：《中国不同产业空间的碳排放强度与碳足迹分析》，《地理学报》2010年第9期。

［7］肖雁飞、万子捷、刘红光：《我国区域产业转移中"碳排放转移"及"碳泄露"实证研究——基于2002年、2007年区域间投入产出模型的分析》，《财经研究》2014年第2期。

［8］张德纲：《中国碳排放的空间关联及其解释——基于社会网络分析法》，《软科学》2017年第4期。

［9］张智慧、刘瑞劲：《基于投入产出分析得建筑业碳排放核算》，《清华大学学报》2013年第1期。

［10］杨顺顺：《中国工业部门碳排放转移评价及预测研究》，《中国工业经济》2015年第6期。

［11］曹俊文：《江西省产业部门碳排放特征及减排途径——基于1992—2007年投入产出分析》，《经济地理》2011年第12期。

［12］苏东水：《产业经济学》，高等教育出版社2000年版。

［13］杨灿、郑正喜：《产业关联测度理论辨析》，《统计研究》2014年第

12 期。

［14］ 赵巧芝、闫庆友：《基于社会网络分析的中国行业碳流动网络性质和结构特征研究》，《科技管理研究》2017 年第 9 期。

［15］ 刘华军：《中国工业 CO_2 排放的行业间传导网络及协同减排》，《中国人口·资源与环境》2016 年第 4 期。

［16］ 周迪：《长三角城市群金融资源空间流动研究》，《上海经济研究》2016 年第 12 期。

［17］ 刘华军、刘传明、孙亚男：《中国能源消费的空间关联网络结构特征及其效应研究》，《中国工业经济》2015 年第 326 期。

［18］ Licheng Sun, Qunwei Wang, Peng Zhou, Faxin Cheng, "Effects of Carbon Emission Transfer on Economic Spillover and Carbon Emission Reduction in China", *Journal of Cleaner Production*, 2014, 112 (2016): 1412 – 1442.

［19］ Liyin Shen, Ya Wu, Yingli Lou, Deheng Zeng, Chenyang Shuai, Xiangnan Song, "What Drives the Carbon Emission in the Chinese cities? — A Case of Pilot Low Carbon City of Beijing", *Journal of Cleaner Production*, 2017, 174 (2018): 343 – 354.

Research on Characteristics and Effects of Carbon Flows Network among Industries in Guangdong Province

ZHOU Di XU Rongxin

Abstract: Based on the data of industrial energy consumption and input-output table in Guangdong province in 2012, this paper constructs the matrix of carbon flow relationship and analyses the network characteristics of industrial flow of carbon emission social network analysis (SNA). It finds that, firstly, Guangdong province carbon emission presents complex industrial correlation network structure, which is low density and low connection, and most of flow is unidirectional. Secondly, manufacturing industry is the central industrial type. Transportation, warehousing and postal services industry and production and supply of electricity and heat industry locate in the center of network playing a role of "core" and "bridge". With strong dominant influence on the carbon emission of others industries, they are two most important industries in the network of carbon flow network. Thirdly, according to the properties of carbon flow, industries can be divided into four types, "main inflow plate" "net inflow plate" "isolated plate" and "net outflow plate". Carbon emission reduction policies should focus on "net inflow plate" and "net outflow plate". Because the "net inflow plate" heavily prompts other industries to increase carbon emission and "net outflow plate" discharges a large amount of carbon dioxide. Finally, the Degree, Betweenness and inCloseness of industries have proportional relation with total carbon emission, therefore, the reduction of carbon emission can be made by decrease these network factors, which creates a new way for industrial restructuring and technical improvement.

Keywords: Carbon Emission Reduction; Industrial Flow; Social Network Analysis

外商直接投资与区域经济增长
——以广东省为例*

王凌峰　周燕萍　黄潇豪①

摘　要：广东省作为改革开放的前沿阵地，其经济增长与外商直接投资（Foreign Direct Investment，FDI）的大量流入密切相关，为了明确不同进入模式的外商直接投资对广东省经济增长的影响，利用广东省1992—2016年中外合资、中外合作和外商独资三种不同进入模式的外商直接投资时间序列数据，采用协整检验、格兰杰因果检验等研究方法。发现三种不同进入模式的FDI与广东省经济发展存在长期协整关系：中外合资型FDI与外商独资型FDI对广东省经济增长有着正向影响，而中外合作型FDI抑制了广东省经济增长。同时，本文还发现外商直接投资是广东省经济增长的格兰杰原因。

关键词：外商直接投资；进入模式；区域经济增长；广东省

---

* 本文得到国家自然科学基金青年项目（71903041）；教育部哲学社会科学研究重大课题攻关项目"培育我国国际竞争新优势建设贸易强国的战略路径研究"（16JZD018）；教育部人文社会科学研究规划青年基金项目（17YJC790142）；2015年广东省软科学重点项目"广东建设海上丝绸之路科技合作圈的战略及重点领域研究"（2015A070703019）；2016年广东省软科学项目（2016A070705058）；广东省普通高校人文社会科学研究特色创新项目（2017WTSCX025）；中共广东外语外贸大学委员会"双带头人"教师党支部书记工作室建设项目；广东外语外贸大学大学生创新创业训练项目（201911846002和S201911846016）的支持。

① 王凌峰，广东外语外贸大学经济贸易学院国际贸易学硕士研究生；周燕萍，广东外语外贸大学经济贸易学院国际贸易学硕士研究生；黄潇豪，广东外语外贸大学经济贸易学院本科生。

一 引言

1978年12月，中国共产党十一届三中全会开启了中国改革开放的伟大征程。时至今日，40年的实践证明改革开放是实现中华民族伟大复兴的必由之路。国内生产总值稳居世界第二，人均国民生产总值跻身中等偏上收入国家，对世界消费增长贡献世界第一，实现了数亿农村人口的脱贫。其中，对外开放和招商引资是推动中国经济持续高速发展的重要因素。国外资本的大量进入不仅解决中国资本积累不足的问题，同时带来了先进的生产技术与管理经验，加快了中国参与全球生产网络进程。未来，外商直接投资仍是我国经济发展的重要动力，但值得注意，外资进入模式正随着中国开放水平扩大和市场化水平提高而有所改变，不同进入模式的外资对经济的作用亦存在不同。如何提高引进外资质量与优化利用外资结构，应当是我国未来外资政策所必须思考问题。

改革开放40年之际，广东无疑成了一个"朝圣地"。作为改革开放和经济增长的"先行者"和"排头兵"。广东省充分利用毗邻港澳、华侨众多的区位优势，积极参与国际分工，发展开放、出口型经济，同时实施"外向带动"战略，推动国内国际市场的一体化，大力吸引外资，发展出口加工贸易，从而实现经济跨越发展，目前广东已经是中国经济第一大省，是改革开放以来的"中国缩影"。当下，中国经济迈入"新常态"，经济体制改革进入"深水区"，广东省在利用外资方面的经验，尤其对不同进入模式的外资结构的探索将有助于中国在经济体制改革的探索，广东经验也能够为其他省份提供新思路、新方法。因此，本文系统地考察不同进入模式的外商直接投资对广东省经济发展的影响，为中国进一步推进改革、扩大开放提供经验借鉴。

目前大多数研究分析了外资在独资或合资进入之间的选择（许陈生，2004；潘镇、鲁明泓，2006；薛求知、韩冰洁，2008），但较少文献从外资进入模式对经济增长的作用进行探索。郭熙保（2009）指出外资特征对经济增长的作用存在差异，外资进入模式作为其重要特征，对经济发展的作用效果和机制可能存在差异。本文利用广东省 1992—2016 年不同进入模式的实际利用外资数据，即合资经营企业、合作经营企业以及外商独资企业实际利用外资，通过协整分析、格兰杰因果检验等发现，发现中外合资企业与外商独资型企业对广东省的经济增长有着正向影响，而中外合作企业抑制了广东省的经济增长。

2018 年是全面贯彻党的十九大精神的开局之年，也是中国改革开放 40 年，本文希望通过广东发展外向型经济的两种主要形式对广东经济的发展的影响，对广东改革开放历程进行回顾和总结，献礼中国改革开放 40 周年伟大成就。本文其余部分安排如下：第二部分回顾相关研究，第三部分简要介绍广东经济发展与外商直接投资情况，第四部分为数据及实证分析，第五部分提出结论、政策建议与下一步研究展望。

二　外商直接投资在经济增长中的作用

外商直接投资在中国可以分为以下三种形式：外商独资经营企业（Wholly Foreign-funded Enterprises，简称 WFFEs）、中外合资经营企业（Equity Joint Ventures，简称 EJVs）和中外合作经营企业（Cooperative Joint Ventures，简称 CJVs）。需要注意的是，虽然合资与合作只有一字之差，但是他们是两种不同的投资形式，合资企业主要遵循"四共"的原则，即共同投资、共同经营管理、共享利润、共担风险和亏损，而合作企业突破了"四共"原则，合作者之间的关系更加宽松。同时，国有企业与外商合作通常采用成立中外合资经营企业的方式，而民营企业则更加偏好中外合作经营的形式（Ouyang，Yao，2017）。

现有的研究已经表明，外商直接投资是推动经济增长的主要动力之一，尤其是对发展中国家的经济增长具有非常重要的影响。陈浪南和陈景煌（2002）从供给面出发，发现外国直接投资对中国人力资本和固定资产增长具有直接促进作用，而后者又是经济增长的重要动力。江锦凡

（2004）构造了区分国内和国外资本的索罗增长模型，发现外资能够促进资本形成和制度变迁促进经济增长。曹伟（2005）发现外商直接投资通过中国的对外贸易有效促进了中国的经济增长。刘晓玲和熊曦（2016）利用湖南省外商直接投资与进出口贸易时间序列，发现外商直接投资与出口贸易促进了区域经济的发展，进一步，郭熙保和罗知（2009）发现外商直接投资不仅能够促进国内经济增长，同时，外资流入的特征，如流入规模、行业以及外资出口强度对经济增长促进作用存在差异。参考郭熙保和罗知（2009）中外资特征，邹建华和韩永辉（2013）发现高质量的外商直接投资有效促进了珠江三角洲九市的经济增长。

外商直接投资对经济增长影响的传导机制主要表现在以下两个方面：第一，外商直接投资具有资本累积效应，通过资本形成，外商直接投资能够弥补东道国的储蓄缺口，以促进东道国经济的增长。第二，外商直接投资对东道国具有溢出效应（Benvenuto 等，2010）。下文将详细分析外商直接投资的资本形成和溢出效应对经济增长的影响机制。

（一）外商直接投资与资本形成的内在关联机制

在发展经济学中，资本形成是一个国家经济发展的重要因素。在分析外商直接投资对发展中东道国经济增长的影响时，通常最先考察的就是外商直接投资对资本形成的影响程度。外商直接投资主要通过以下两个途径影响东道国的资本形成：首先是资本流入带来的直接效应，即跨国公司通过自身的投资活动直接影响东道国投资；其次是通过影响东道国国内企业投资产生的间接效应，外商直接投资会在要素及产品市场上对东道国企业的投资行为产生一定影响，从而对国内资本形成"挤出"效应、"挤入"效应或者"中性"效应。

1. 外商直接投资的直接资本形成效应

外商直接投资的直接资本形成效应是指外商直接投资的流入增加了东道国的投资储蓄，这些新的储蓄在金融市场中转化为新的投资，弥补东道国发展所需的储蓄和外汇缺口，直接促进了东道国的产出增长与资本形成。UNCTAD（1999）指出，不同的外商直接投资进入模式在对外商直接投资直接效应的大小和时效上存在差异。其将外商直接投资的进入方式分为绿地投资和跨国并购，绿地投资（在中国表现为建立三资企业）能够直接增加东道国的资本存量。与绿地投资相比，跨国并购只是所有权改变，在短期内对东道国资本形成不会产生直接效应。但如果在并购后出现连续性追加投资的情况，在长期，绿地投资和跨国并购可能会提供相似的资金流。除此之外，利润汇回会为东道国资本形成带来直接的负面效应，但一般情况下其远远低于外商直接投资流入时所带来的正效应。

如果发展中国家希望解决好经济发展初期的储蓄缺口和外汇稀缺与大规模投资间的矛盾，就必须借助外国资本来加速本国资本形成，这是解决"贫困的恶性循环"的重要方法。在中国，由于改革开放初期国内投资机会丰富，吸引了大量外商直接投资以中外合资、中外合作和外商独资的进入方式流入，从而弥补了中国在经济发展过程中所产生的储蓄缺口，也有助于中国国内投资计划的实施。

2. 外商直接投资的间接资本形成效应

与直接效应相比，东道国引进外商直接投资的间接资本形成效应对经济增长的影响机制更加复杂。间接资本形成效应可分为"挤出"效应、"挤入"效应以及"中性"效应。如果外商直接投资新增1单位，而东道国总投资增加额小于1单位，甚至为负，就说明外商直接投资"挤出"了东道国的国内投资。相反，"挤入"效应是指因为1单位的外商直接投资的增加，而引发东道国总投资的增加额大于1单位。中性效应是指总投资的增加等于外商直接投资的增加（李美佳、徐志刚，2017）。

间接影响机制主要通过产业连锁效应和示范与牵动效应等方式对经济增长产生影响。产业连锁效应表现为外商直接投资对东道国产生的投资乘数效应，这种效应主要是通过带动产业前后向辅助性投资这一渠道产生的；示范与牵动效应体现为由于外商直接投资进入而导致市场竞争加剧，从而导致国内企业为应对竞争而发展的技术革新和生产效率的提高。

(二) 外商直接投资与溢出效应的内在关联机制

外商直接投资实际上是一个资本输出的过程，在此过程中自然会发生技术溢出现象。具体来说，技术溢出是经济外在性的一种表现，指跨国公司通过技术的非自愿扩散，促进了东道国技术和生产力的提高，而在此过程中跨国公司又无法获取全部的收益。现有文献一般将外商直接投资的技术溢出效应分为以下四类。

1. 示范—模仿效应

示范—模仿效应是外商直接投资技术溢出的一种显著方式，由于东道国企业与外资企业之间存在技术差异，东道国企业可以通过"看中学"的方式，提高自身技术效率、管理能力和营销水平（陈琳、林珏，2009）。外商直接投资的进入，不仅为国内市场带来了新的技术与生产设备，还带来了先进的管理经验和营销理念。虽然对于先进技术，外方会采取严密的防范措施以防止核心技术外泄，中方技术人员常常可以通过对一项新产品进行逆向分析及研究获得大量信息。对于管理经验、绩效管理和营销理念等，东道国企业可以通过观察学习快速的加以运用。示范—模仿效应可以促进本国技术进步和生产力的提升，但是其程度取决于内资企业自身的学习和消化吸收能力，同时还受到外部市场竞争压力的影响。

2. 竞争效应

Caves（1971）提出外商直接投资会加剧东道国的市场竞争，给本土企业带来一定的竞争压力，促使本土企业提高效率，避免在竞争中遭到淘汰。在竞争中，外商直接投资实现对内资的替代，这有助于东道国达到资源的优化配置（Wang，Blomstrom，1992；Glass，Saggi，2002）。与此同时，技术溢出会导致跨国公司与东道国企业之间的技术差距减小，为了保持竞争中的相对技术优势，跨国公司将引进或开发更多的新技术，这将促进新一轮的技术溢出。

3. 产业关联效应

产业关联是指某一产业由于自身发展引起其他相关产业发展的作用

效果。按照发生联系的方向分，产业关联可以分为水平关联（也称行业内关联）和垂直关联（也称行业间关联），其中，垂直关联可以进一步划分为前向关联和后向关联。

跨国公司在选择向东道国企业采购其生产所需的原材料、零部件或其他中间产品时，就形成了与内资企业的后向关联。一般情况下外资企业的技术越复杂，溢出效应也会越大。与此同时，本土企业也会向外资企业采购高质量的产品，通过这种方式，东道国企业可以促进自身的技术的发展，提高产品质量，这也就是前向关联的表现（杨红丽、陈钊，2015）。

因为在与当地企业的前、后向联系中，跨国公司是能够从上游供应商或下游顾客的知识扩散中获益的，所以跨国公司更愿意发生垂直关联效应，相反，对于水平关联，跨国公司会尽量减少和避免溢出，因为模仿和人员流动会使跨国公司本身拥有的特定优势减弱，这将大大增加他们与更了解当地市场和消费者偏好的本土企业的竞争，所以跨国公司会采取策略来尽量避免行业内溢出。

4. 人员流动效应

随着跨国公司在东道国投资强度的不断加大，跨国公司在东道国雇佣的当地技术人员和管理人员也会不断增加。外资企业的对这些人员的培训造就了一大批熟练工人和高级管理人才，而人员流动情况出现，就会导致技术外溢产生（Fosfuri 等，2001）。近年来，越来越多的跨国公司采用人才本土化战略。在中国也有越来越多的中方人员任职于外资企业，一旦这部分中方雇员离开外资企业，这些人员就会把外资企业的先进技术和管理经验带到新的工作岗位，这促进了外商直接投资的技术溢出。但是外资企业拥有的较高薪水和福利，会吸引大量内资企业的员工转向外资企业，这就产生了技术溢出的负面影响（Sinani，Meyer，2004）。

（三）外商直接投资进入模式溢出效应的比较

外商独资经营企业、中外合资经营企业和中外合作经营企业的溢出效应大小存在不同。

从技术溢出的可能性来看，中外合资企业应该是表现得最为理想的外商直接投资进入模式。因为建立外商独资经营企业，是外资企业为了对其先进技术进行严格控制做出的选择，在外商独资企业中，外方通常只会向东道国工人传播单项的或者简单的技术，从而达到限制技术溢出的目的。在合资企业中，由于外方大部分以资金和技术入股，这会使外方与中方之间存在更多的共同利益，促使外方与中方共同开发与改进技术，因此在中外合资企业中，一般能取得较为理想的技术溢出效果。不仅如此，外资在中外合资企业中多占的股权比例也会影响外商直接投资的技术溢出效应，外资股权比例越大，技术溢出的机会和可能性就越大（Ramachandran，1993）。而中外合作企业多在大型基础设施建设项目上以"建设—经营—转让"（Build-operate-transfer，简称 BOT）的方式出现，基础设施由外方出资承建，当地政府在中外合作企业有偿使用若干年后再收回，这种形式也不利于技术的溢出。

从技术的先进程度看，如果外资企业拥有越先进的技术，为防止核心技术扩散，其采取独资的可能性就越大。外商独资企业技术的先进程度总体上优于中外合资企业和中外合作企业。外商独资企业不仅带来了更多的新技术，而且这些技术的先进程度较高，提高了外商直接投资技术溢出的质量；外方在中外合资或合作企业中所提供的技术大多属于成熟技术，而且它们会尽力避免使用最先进的技术进行投资。

当然也有学者的观点与传统的理论相悖，他们认为，拥有越高技术水平的跨国公司，越有可能会采用较低的股权结构。由于中国经济的特性，外商投资企业的水平越高，外方越希望采用较低的股权进入（Zhao，Zhu，1998）。因为外商不认为股权控制是一个可以应对技术外溢和东道国不健全的知识产权保护制度下的技术泄漏风险的有效措施。

三　广东省外商直接投资与经济增长态势

（一）经济增长态势分析

邓小平南方谈话以来，广东省凭借其优越的区位条件和坚实的经济基础，在经济总量与经济增速上始终走在全国前列。1992年广东省生产总值为2447.54亿元，占同期全国生产总值的9%，位居全国首位，而后广东省GDP也始终保持高速平稳增长，持续领跑全国经济。2016年广东省生产总值为80854.91亿元，占同期全国生产总值的10.9%，经济总量仍然超越全国其他省份。回首看来，广东省在这20多年的发展离不开其不断扩大开放的战略，广东经验也能够为其他兄弟省份的进一步对外开放提供一定的帮助。

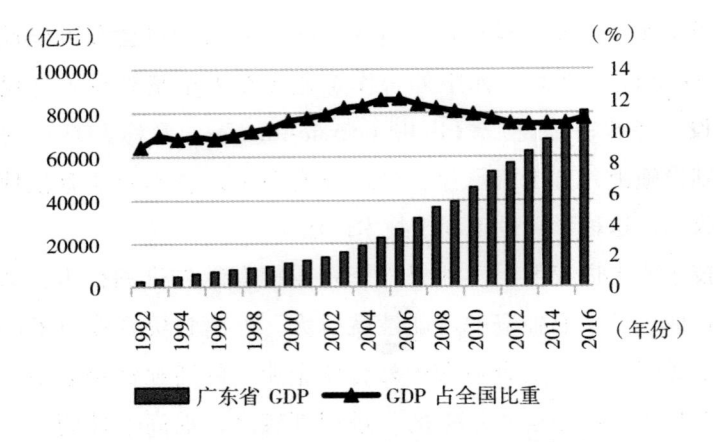

图1 1992—2016年广东省GDP占全国比重

（二）外商直接投资概况

外商直接投资始终是广东省推动经济发展的重要法宝。1992—2016年外商直接投资额从35.51亿元增长至233.49亿元。2016年广东省实际利用外资形式中，外商独资企业已经是广东省利用外资的主要形式（见图2）。而从图3可以发现，广东省外商直接投资的进入方式也发生了比较明显的变化。1992—2001年，三类外商直接投资企业齐头并进，实际利用外资额均稳定增长，而在2001年中国加入世贸组织后，外商独资企业投资额迅速增加，中外合资企业投资额保持稳定增长，但中外合作企业实际利用外资显著下降。

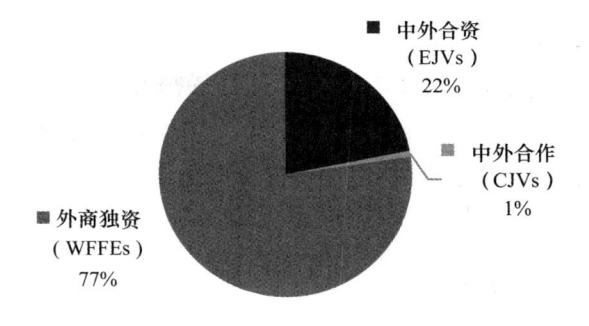

图 2　2016 年广东省"三资企业"在实际利用外资总额所占比重

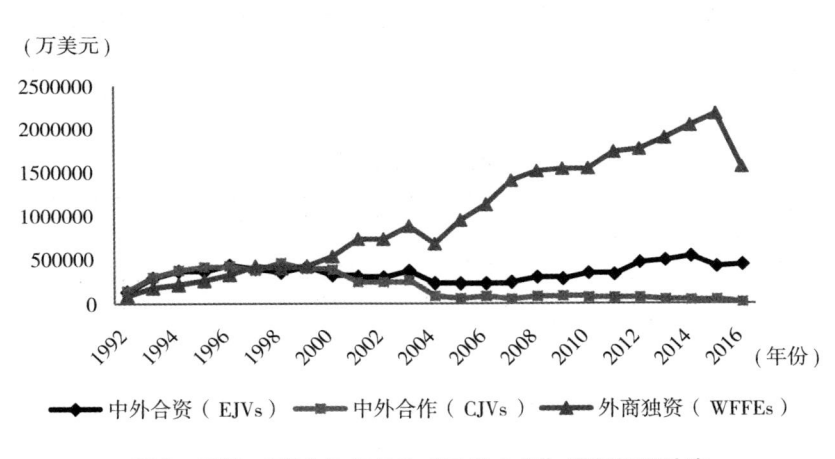

图 3　1992—2016 年广东省"三资企业"实际利用外资

四　数据与实证分析

（一）数据来源与处理

本文的样本和变量包括广东省 1992—2016 年生产总值（GDP）、中外合资企业（EJV）、中外合作企业（CJV）与外商独资企业（WFFE）实际利用外资额。所有数据均来自历年《广东省统计年鉴》，时间覆盖了邓小平南方谈话、中国加入世贸组织等重大事件，这段时间也是中国外商直接投资快速增长的时期。

由于时间序列数据往往存在异方差特征，为了避免异方差导致的研究结论不良，本文对研究变量进行了对数变换，并分别记为 lnGDP、lnEJV、lnCJV、ln$WFFE$。

（二）分析与检验

1. 单位根检验

为了避免"伪回归"现象对 VAR 模型构建产生不良影响，本文使用 ADF 检验来判断时间序列数据的平稳性，检验结果如表 1 所示。依据 ADF 检验结果判别法则，原始序列平稳，因此本文能够在此基础上进行协整分析。

表 1　　　　　　　　　　单位根检验结果

变量	ADF 检验值	1% 临界值	5% 临界值	10% 临界值	结论
lnGDP	-3.609	-4.380	-3.600	-3.240	平稳*
lnEJV	-3.527	-3.750	-3.000	-2.630	平稳**
lnCJV	-3.339	-4.380	-3.600	-3.240	平稳*
ln$WFFE$	-3.759	-2.508	-1.717	-1.321	平稳***

2. Johansen 协整检验

从图 1 和图 3 中可以发现，中外合资企业与外商独资企业实际利用外资额与广东省区域生产总值在长期保持基本一致的发展走势，而中外合作企业发展趋势则与之相反。据此，本文使用 Johansen 协整检验法研究不同形式的外商直接投资与经济发展在长期的具体关系。由于协整检验对变量滞后期非常敏感，滞后期选择不当将导致"虚协整"现象。本文结合 VAR 模型最优滞后期选择准则并采用 LR、FPE、AIC、HQIC、SBIC 这 5 个指标来决定模型的最优滞后期（张晓峒，2014）。表 2 表明了 5 个检验统计量的结果均支持最优滞后期为 4，因此，本文将模型的滞后期设定为 3，对模型进行稳定性检验。

表2 VAR模型最优滞后期检验结果

Lag	LR	FPE	AIC	HQIC	SBIC
0	NA	7.3e-05	1.8204	1.8635	2.0193
1	173.75	8.8e-08	-4.9295	-4.7136	-3.9347
2	15.724	2.3e-07	-4.1544	-3.7658	-2.3638
3	38.868	3.1e-07	-4.4814	-3.9201	-1.8950
4	121.56*	2.3e-08*	-8.7464*	-8.0124*	-5.3642*

本文发现，当模型滞后期设定为3时，所有单位根均落在单位圆内，说明此时模型是稳定的，可以保证检验结果的有效性，之后，本文对研究中的 $\ln GDP$、$\ln EJV$、$\ln CJV$、$\ln WFFE$ 四个变量进行协整检验，检验结果如表3所示。

表3 Johansen协整检验结果

原假设	迹统计量	1%临界值
不存在长期关系	58.1037	54.46
存在最多一个长期关系	32.1147*	35.65

表3展示了对4个变量进行协整检验的结果，在99%的置信水平下，广东省三类不同形式的外商直接投资与经济增长之间存在长期稳定协整关系，根据变量平稳性检验结果，本文直接使用OLS法确定其协整关系，协整关系表达式为：

$$\ln GDP = 0.3841 \ln EJV - 0.3367 \ln CJV + 0.8127 \ln WFFE$$
$$(0.856^{***}) \quad (-0.337^{***}) \quad (0.046^{***})$$

Adjust R-squared：0.9885

协整方程表明，广东省以中外合资（$EJVs$）和外商独资（$WFFEs$）两种形式进入的外商直接投资对经济增长水平都产生正向影响，而以中外合作（$CJVs$）形式进入的外商直接投资对广东省区域经济增长水平产生负面影响。具体来说，中外合资投资每增长1%，将会促进 GDP 增长

0.3841%，外商独资每增加1%，会促进 GDP 增长 0.8127%，而中外合作每增加1%，反而会引起 GDP 负向变动 0.3367%。同时，协整关系也表明，中外合资和外商独资企业对经济促进作用大于中外合作企业的抑制作用，这与广东省三资企业构成以及经济发展现状也是相符合的。

3. 格兰杰因果检验

表4　　　　　　　　格兰杰因果检验结果

原假设	Wald 统计值	P 值
EJV 不是 GDP 的格兰杰原因	0.89356	0.827
CJV 不是 GDP 的格兰杰原因	6.3591	0.095
$WFFE$ 不是 GDP 的格兰杰原因	1.7134	0.634
$EJV \times CJV \times WFFE$ 不是 GDP 的格兰杰原因	15.823	0.071
GDP 不是 EJV 的格兰杰原因	9.6375	0.022
GDP 不是 CJV 的格兰杰原因	3.6033	0.308
GDP 不是 $WFFE$ 的格兰杰原因	18.784	0.000

格兰杰因果检验是考察变量间是否存在短期因果关系的分析方法，本文使用格兰杰因果检验法来研究不同进入类型的外商直接投资与经济增长间的短期因果关系，表4表明了格兰杰因果检验的结果，在10%显著水平下，本文发现三类进入模式的外商直接投资共同构成了 GDP 的格兰杰原因，而 GDP 也构成了中外合作和外商独资企业的格兰杰原因。说明外商直接投资短期内拉动了地区经济的持续增长，同时区域经济增长也促进了中外合作企业与外商独资企业规模上升。这与之前研究结论一致，即表明广东省中外合作企业与外商独资企业有力地拉动了广东省的经济增长。

五　结论与建议

中国的对外开放率先从广东开始，通过前文的理论模型和经验分析可知，广东省外商直接投资的大规模进入，很大程度上推动了广东省经济的发展。这充分说明了 1992 年以来，中国为促进经济的发展而设计新的发展战略与政策以及广东实施外向型发展战略的正确性。

实证结果显示，中外合资企业和外商独资企业显著促进了广东省经济的稳定迅速发展，相比之下，中外合作企业对广东省经济的发展则并未起到预想的促进作用。

本文从中国对外贸易和投资体制的程式化特征分析发现。第一，为了确保对关键技术的控制，在中外合作企业中，外商一般只转移一些外围技术，而避免让中方接近关键技术。相比之下，在外商独资企业中，外商根据其在企业中持有的股权来计算收益，这将鼓励外商转移更多关键技术，因此独资企业往往具有更大的技术溢出的效应。第二，合资企业是股权式合营企业，而合作企业属于契约式的合营企业。合资企业在合资期间既不能抽走投资原本，也不能减少注册资本的总量，合作企业则不然。当外商最初投资时选择的模式不是动态最优的，而随着环境的变化出现了更优的选择时，如果惩罚不足，就会出现投资转移的情况。因此，与合资企业相比，中外合作企业承担了更多外资可能违约的风险。第三，在中外合作过程中，政府往往只注重合作规模以及合约是否达成而不注重合作的质量，甚至部分政府为了达成合约而不计成本代价，这导致外商通常只是希望通过简单达成合作以获得政府为吸引外商投资所提供的政策优惠。第四，各地方政府为吸引外资所展开的优惠政策竞争使得更多的合作利得向外方合作伙伴转移，从而导致中外合作的总效益的下降。

由于不同形式的外商直接投资对区域经济的发展会产生不同的影响，因此，利用外商直接投资的技术溢出效应不能一概而论，针对具体问题，政府应当科学合理地选择和引导与各地区各行业的特点相适应的外商投资方式，最大化外商直接投资对促进区域经济增长的效果。对中外合资企业来说，其规模的增加对经济的发展具有正向影响，且存在着较大的溢出效应，政府应该继续鼓励和引导中外合资企业在广东省的发展；对中外合作企业而言，政府应该加强相应的立法工作，降低外国企业的违约风险，增加外国企业的违约成本，合理地对中外合作企业提供优惠政策并加强对该类企业的审核和监管工作；最后，对外商独资企业来说，跨国公司在资本和技术的巨大优势无疑能够迅速推动区域经济的发展，但本文仍需要注意外商"独资化"问题，在立法上本文要进一步规范外资行为，鼓励其我省上下游企业联系，促进技术溢出，有效帮助我省在经济转型升级，推进供给侧改革工作中取得更加有效的成果，但也要注意避免跨国公司凭借其强大的规模实力，在市场上形成垄断，导致消费者福利的损害。

接下来的研究中，本文将进一步探索不同进入类型的外商直接投资对于区域经济增长的作用机制与作用渠道以及在不同行业、不同区域中三类外商直接投资作用效果的差异，同时，本文将在模型中引入进出口贸易这一重要对外开放举措，进一步研究广东省"外向带动"战略对于区域经济发展的促进作用。

改革开放 40 年来，广东省沿着对外开放的道路高速发展，欣欣向荣。期盼广东在改革开放的新时代继往开来，继续当好全面深化改革引领者的角色，在更高的起点上为中国改革开放的下一个十年谋求新突破。

参考文献

[1] 曹伟：《外商直接投资对中国经济增长影响的实证分析》，《世界经济研究》2005 年第 8 期。

[2] 陈浪南、陈景煌：《外商直接投资对中国经济增长影响的经验研究》，《世界经济》2002 年第 6 期。

[3] 陈琳、林珏：《外商直接投资对中国制造业企业的溢出效应：基于企业所有制结构的视角》，《管理世界》2009 年第 9 期。

[4] 郭熙保、罗知：《外资特征对中国经济增长的影响》，《经济研究》2009 年第 5 期。

[5] 霍忻：《转型背景下广东省 FDI 与经济增长的关系——基于协整分析和 VECM 模型的检验》，《地域研究与开发》2016 年第 35 期。

[6] 江锦凡：《外国直接投资在中国经济增长中的作用机制》，《世界经济》2004 年第 1 期。

［7］李美佳、徐志刚：《外商直接投资独资化挤出国内投资吗？：基于工业行业要素密集度异质性的视角》，《世界经济研究》2017 年第 10 期。

［8］刘晓玲、熊曦：《外商直接投资、进出口贸易与区域经济增长——以湖南省为例》，《管理世界》2016 年第 269 期。

［9］潘镇、鲁明泓：《在华外商直接投资进入模式选择的文化解释》，《世界经济》2006 年第 2 期。

［10］许陈生：《中国 FDI 进入模式的影响因素》，《南开管理评论》2004 年第 6 期。

［11］薛求知、韩冰洁：《东道国腐败对跨国公司进入模式的影响研究》，《经济研究》2008 年第 4 期。

［12］杨红丽、陈钊：《外商直接投资水平溢出的间接机制：基于上游供应商的研究》，《世界经济》2015 年第 3 期。

［13］张晓峒：《计量经济学基础》第 4 版，南开大学出版社 2014 年版。

［14］邹建华、韩永辉：《引资转型、FDI 质量与区域经济增长——基于珠三角面板数据的实证分析》，《国际贸易问题》2013 年第 7 期。

［15］Benvenuto M., Sileri P., Rossi P., et al., "FDI in Chinese Cities: Spillovers and Impact on Growth", *The World Economy*, 2010, 30 (5): 837 – 862.

［16］Caves R. E., Reuber G. L., *Capital Transfers and Economic Policy: Canada, 1951 – 1962*, Harvard University Press, 1971, 736.

［17］Fosfuri A., Motta M., Rønde T., "Foreign Direct Investment and Spillovers through Workers' Mobility", *Journal of International Economics*, 2001, 53 (1): 205 – 222.

［18］Glass A. J., Saggi K., "Licensing versus Direct Investment: Implications for Economic Growth", *Journal of International Economics*, 2002, 56 (1): 131 – 153.

［19］Ouyang P. M., Yao S. L., "Developing Inland China: The Role of Coastal Foreign Direct Investment and Exports", *The World Economy*,

2017, 40 (1): 2403-2423.

[20] Ramachandran V., "Technology Transfer, Firm Ownership, and Investment in Human Capital", *Review of Economics & Statistics*, 1993, 75 (4): 664-670.

[21] Sinani E., Meyer K. E., "Spillovers of Technology Transfer from FDI: the Case of Estonia", *Journal of Comparative Economics*, 2004, 32 (3): 445-466.

[22] Unctad W. I. R., "World Investment Report 1996: Overview (UNCTAD)", World Investment Report: UNCTAD, 1999.

[23] Wang J. Y., Blomström M., "Foreign Investment and Technology Transfer: A Simple Model", *European Economic Review*, 1989, 36 (1): 137-155.

[24] Zhao H., Zhu G., "Determinants of Ownership Preference of International Joint Ventures: New Evidence from Chinese Manufacturing Industries", *International Business Review*, 1998, 7 (6): 569-589.

The Impact of FDI on Economic Growth in Guangdong

WANG Lingfeng   ZHOU Yanping   HUANG Xiaohao

Abstract: As a frontier of reform and opening up, Guangdong Province's economic growth was closely related to the large inflow of FDI. In order to clarify the impact of different forms of FDI on Guangdong's economic growth, this paper used time-series data of EJVs, CJVs and WFFEs between 1992 and 2016, employing cointegration test, Granger test and other research methods. It found that there was a long-term co-integration relationship between the three different forms of FDI and regional economic growth. Among the three forms of foreign direct investment, EJVs and WFFEs have a positive impact on the economic growth, while CJVs has a negative effect.

Keywords: Inward Foreign Investment; Eutry Mode; Regional Economic Growth; Guangdong